I0166728

LETTRES CHOISIES

DE MADAM

DE SÉVIGNÉ

PARIS. IMPRIMERIE A.-E. ROCHETTE, B^d. MONTPARNASSE, 72 80.

MADAME DE SÉVIGNÉ

LETTRES CHOISIES

DE MADAME

DE SÉVIGNÉ

PARIS

LIBRAIRIE D'ÉDUCATION

Gérant : AMABLE RIGAUD, Éditeur

33, Quai des Augustins, 33

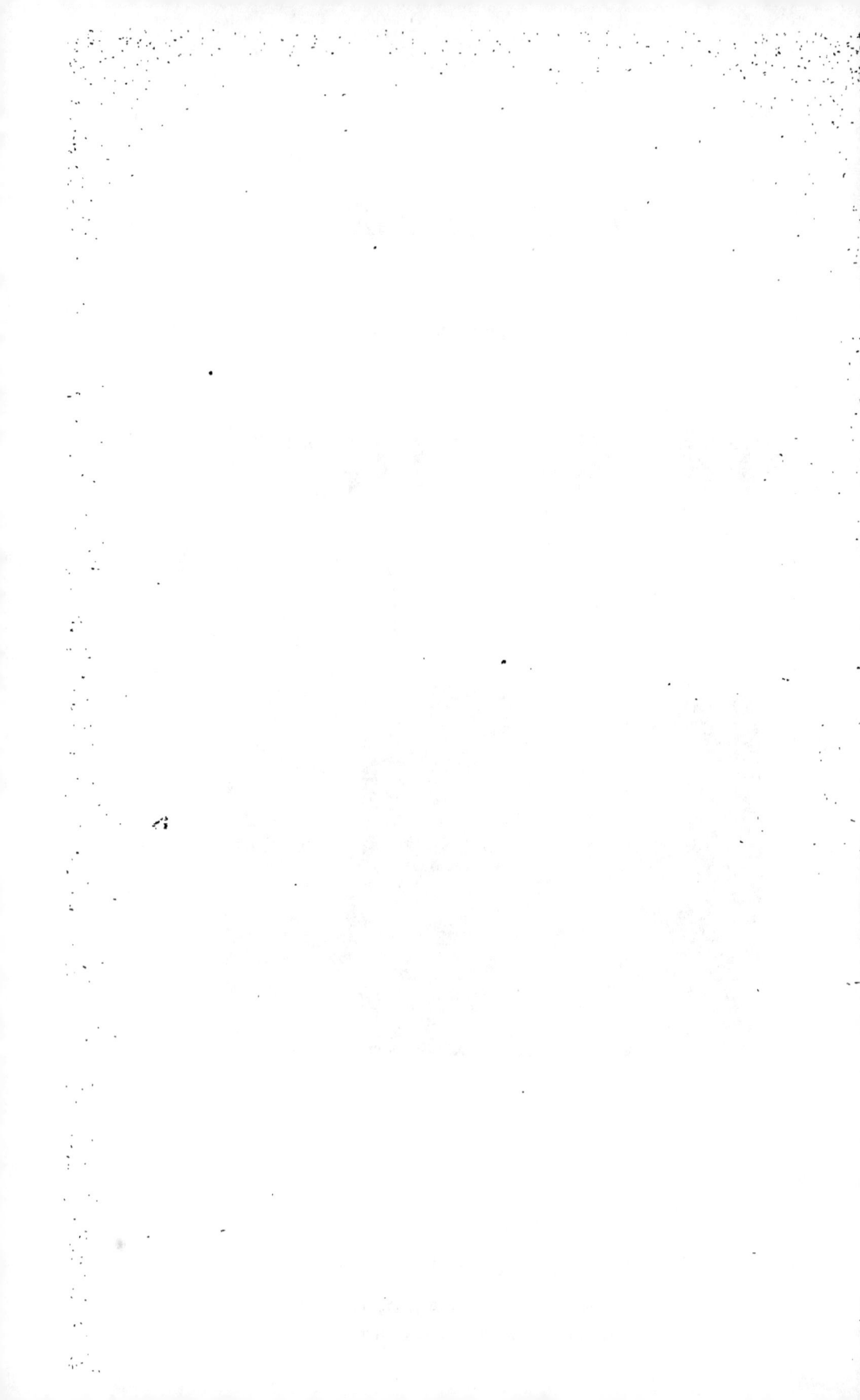

LETTRES

CHOISIES

DE MME DE SÉVIGNÉ

DE MADAME DE SÉVIGNÉ A MÉNAGE[1].

Paris, dimanche 12 janvier 1654.

Je suis agréablement surprise de votre souvenir, monsieur, il y a longtemps que vous aviez retranché les démonstrations de l'amitié que je suis persuadée que vous avez toujours pour moi. Je vous rends mille grâces, monsieur, de vouloir bien les remettre à leur place, et de me témoigner l'intérêt que vous prenez à mon retour et à ma santé. Mon grand voyage, dans une si rude saison, ne m'a point du tout fatiguée et ma santé est d'une perfection que je souhaiterais à la vôtre. J'irai vous en rendre compte, monsieur, et vous assurer qu'il y a des sortes d'amitié que l'absence et le temps ne finissent jamais.

La marquise de SÉVIGNÉ.

AU COMTE DE BUSSY.

Paris, le 14 juillet 1655.

Voulez-vous toujours faire honte à vos parents ? Ne vous lasserez-vous jamais de faire parler de vous toutes les campa-

---

[1] Ménage avait enseigné à mademoiselle de Chantal le latin, l'italien, et l'espagnol.

gnes ? Pensez-vous que nous soyons bien aises d'entendre dire que M. de Turenne mande à la cour que vous n'avez rien fait qui vaille à Landrecies ? En vérité, c'est avec un grand chagrin que nous entendons dire ces choses-là ; et vous comprenez bien de quelle sorte je m'intéresse aux affronts que vous faites à notre maison. Mais je ne sais, mon cousin, pourquoi je m'amuse à plaisanter, car je n'en ai pas le loisir, et, si peu que j'aie à vous dire, je le devrais dire sérieusement. Je vous dis donc que je suis ravie du bonheur que vous avez eu à tout ce que vous avez entrepris. Je vous ai écrit une grande lettre de Livry, que je crains bien que vous n'ayez pas reçue ; j'aurais quelque regret qu'elle fût perdue, car elle me semblait assez badine.

Je me trouvais hier chez madame de Monglas qui avait reçu une de vos lettres, et madame de Gouville aussi : je croyais en avoir une chez moi ; mais je fus trompée dans mon attente, et je jugeai que vous n'aviez pas voulu confondre tant de rares merveilles. J'en suis bien aise, et je prétends avoir un de ces jours une *voiture*[1] à part. Adieu, mon cousin, le gazetier parle de vous légèrement : bien des gens en ont été scandalisés, et moi plus que les autres ; car je prends plus d'intérêt que personne à tout ce qui vous touche. Ce n'est pas que je ne vous conseille de quitter Renaudot de ses éloges, pourvu que M. de Turenne et M. le cardinal soient toujours bien informés de vos actions.

AU COMTE DE BUSSY.

A Paris, ce 25 novembre 1655.

Vous faites bien l'entendu, monsieur le comte ! Sous ombre que vous écrivez comme un petit Cicéron, vous croyez qu'il

---

[1] Allusion aux lettres, alors célèbres, de Voiture.

vous est permis de vous moquer des gens : à la vérité, l'en-droit que vous avez remarqué m'a fait rire de tout mon cœur ; mais je suis étonnée qu'il n'y eût que cet endroit de ridicule, car, de la manière dont je vous écrivis, c'est un miracle que vous ayez pu comprendre ce que je voulais vous dire, et je vois bien qu'en effet vous avez de l'esprit, ou que ma lettre est meilleure que je ne pensais : quoi qu'il en soit, je suis bien aise que vous ayez profité de l'avis que je vous donnais.

On m'a dit que vous sollicitiez de demeurer sur la frontière cet hiver : comme vous savez, mon pauvre comte, que je vous aime un peu rustaudement, je voudrais qu'on vous l'accordât ; car on dit qu'il n'y a rien qui avance tant les gens, et vous ne doutez pas de la passion que j'ai pour votre fortune : ainsi, quoi qu'il puisse arriver, je serai contente. Si vous demeurez sur la frontière, l'amitié solide y trouvera son compte ; si vous revenez, l'amitié tendre sera satisfaite.

Adieu, mon cher cousin : mandez-moi s'il est vrai que vous vouliez passer l'hiver sur la frontière, et croyez bien que je suis la plus fidèle amie que vous ayez au monde.

A MÉNAGE.

23 juin 1668.

Votre souvenir m'a donné une joie sensible, et m'a réveillé tout l'agrément de notre ancienne amitié. Vos vers m'ont fait souvenir de ma jeunesse, et je voudrais bien savoir pourquoi le souvenir de la perte d'un bien aussi irréparable ne donne point de tristesse. Au lieu du plaisir que j'ai senti, il me sem-ble qu'on devrait pleurer : mais, sans examiner d'où peut venir ce sentiment, je veux m'attacher à celui que me donne la reconnaissance que j'ai de votre présent. Vous ne pouvez dou-ter qu'il ne me soit agréable, puisque mon amour-propre y trouve si bien son compte, et que j'y suis célébrée par le plus bel esprit de mon temps. Il faudrait, pour l'honneur de vos vers, que j'eusse mieux mérité tout celui que vous me faites. Telle que j'ai été, et telle que je suis, je n'oublierai jamais votre véritable et solide amitié, et je serai toute ma vie la plus reconnaissante comme la plus ancienne de vos très-humbles servantes.

La marquise de SÉVIGNÉ.

AU COMTE DE BUSSY-RABUTIN.

A Paris, ce 4 septembre 1668.

Levez-vous, comte; je ne veux point vous tuer à terre, ou reprenez votre épée pour recommencer notre combat. Mais il vaut mieux que je vous donne la vie, et que nous vivions en paix. Vous avouerez seulement la chose comme elle s'est passée, c'est tout ce que je veux. Voilà un procédé assez honnête : vous ne me pouvez plus appeler injustement une petite brutale.

M. de Montausier vient d'être fait gouverneur de M. le Dauphin.

Je t'ai comblé de biens; je t'en veux accabler[1].

Adieu, comte. Présentement que je vous ai battu, je dirai partout que vous êtes le plus brave homme de France, et je conterai notre combat le jour que je parlerai des combats singuliers. Ma fille vous fait ses compliments. L'opinion que vous avez de sa fortune nous console un peu.

AU COMTE DE BUSSY-RABUTIN.

A Paris, ce 4 décembre 1668.

N'avez-vous pas reçu ma lettre où je vous donnais la vie, et où je ne voulais pas vous tuer à terre ? J'attendais une réponse

---

[1] Allusion aux vers de Corneille, dans *Cinna*.

sur cette belle action ; vous n'y avez pas pensé ; vous vous êtes contenté de vous relever et de reprendre votre épée, comme je vous l'ordonnais. J'espère que ce ne sera pas pour vous en servir jamais contre moi.

Il faut que je vous apprenne une nouvelle qui, sans doute, vous donnera de la joie : c'est qu'enfin la plus jolie fille de France[1] épouse, non pas le plus joli garçon, mais un des plus honnêtes hommes du royaume; c'est M. de Grignan, que vous connaissez il y a longtemps. Toutes ses femmes sont mortes pour faire place à votre cousine, et même son père et son fils, par une bonté extraordinaire ; de sorte qu'étant plus riche qu'il n'a jamais été, et se trouvant d'ailleurs, et par sa naissance, et par ses établissements, et par ses honnêtes qualités, tel que nous le pouvions souhaiter, nous ne le marchandons point, comme on a accoutumé de faire : nous nous en fions bien aux deux familles qui ont passé devant nous. Il paraît fort content de notre alliance ; et aussitôt que nous aurons des nouvelles de l'archevêque d'Arles son oncle, son autre oncle l'évêque d'Uzès étant ici, ce sera une affaire qui s'achèvera avant la fin de l'année. Comme je suis une dame assez régulière, je n'ai pas voulu manquer à vous en demander votre avis et votre approbation. Le public paraît content, c'est beaucoup ; car on est si sot, que c'est quasi sur cela qu'on se règle.

A M. DE GRIGNAN.

A Paris, ce mercredi 6 août 1670.

Est-ce qu'en vérité je ne vous ai pas donné la plus jolie femme du monde? Peut-on être plus honnête, plus régulière? Peut-on vous aimer plus tendrement? Peut-on avoir des senti-

---

[1] Sa fille, Madeleine de Sévigné, était ainsi appelée par le comte de Bussy.

ments plus chrétiens? Peut-on souhaiter plus passionnément d'être avec vous, et peut-on avoir plus d'attachement à tous ses devoirs? Cela est assez ridicule que je dise tant de bien de ma fille; mais c'est que j'admire sa conduite comme les autres, et d'autant plus que je la vois de plus près, et qu'à vous dire vrai, quelque bonne opinion que j'eusse d'elle sur les choses principales, je ne croyais point du tout qu'elle dût être exacte sur toutes les autres au point qu'elle l'est. Je vous assure que le monde aussi lui rend bien justice, et qu'elle ne perd aucune des louanges qui lui sont dues. Voilà mon ancienne thèse qui me fera lapider un jour; c'est que le public n'est ni fou ni injuste : madame de Grignan doit être trop contente de lui pour disputer contre moi présentement. Elle a été dans des peines de votre santé qui ne sont pas concevables; je me réjouis que vous soyez guéri, pour l'amour de vous et pour l'amour d'elle. Je ne vous dis aucune nouvelle; ce serait aller sur les droits de ma fille. Je vous conjure seulement de croire qu'on ne peut s'intéresser plus tendrement que je fais à ce qui vous touche.

A M. DE COULANGES.

A Paris, ce lundi 15 décembre 1670.

Je m'en vais vous mander la chose la plus étonnante, la plus surprenante, la plus merveilleuse, la plus miraculeuse, la plus triomphante, la plus étourdissante, la plus inouïe, la plus singulière, la plus extraordinaire, la plus incroyable, la plus imprévue, la plus grande, la plus petite, la plus rare, la plus commune, la plus éclatante, la plus secrète jusqu'à aujourd'hui, la plus brillante, la plus digne d'envie; enfin une chose dont on ne trouve qu'un exemple dans les siècles passés[1], en-

---

[1] Marie d'Angleterre, veuve de Louis XII, épousa le comte de Suffolk.

core cet exemple n'est-il pas juste ; une chose que nous ne
saurions croire à Paris, comment la pourrait-on croire à Lyon ?
une chose qui fait crier miséricorde à tout le monde ; une
chose qui comble de joie madame de Rohan et madame d'Hau-
terive ; une chose enfin qui se fera dimanche, où ceux qui la
verront croiront avoir la *berlue ;* une chose qui se fera dimanche, et qui ne sera peut-être pas faite lundi. Je ne puis me résoudre à la dire, devinez-la, je vous le donne en trois ; *jetez-
vous votre langue aux chiens ?* Eh bien, il faut donc vous la
dire : M. de Lauzun épouse dimanche au Louvre, devinez
qui ? Je vous le donne en quatre, je vous le donne en dix, je
vous le donne en cent. Madame de Coulanges dit : Voilà qui
est bien difficile à deviner ! c'est madame de La Vallière. Point
du tout, madame. C'est donc mademoiselle de Retz ? Point du
tout : vous êtes bien provinciale. Ah ! vraiment nous sommes
bien bêtes, dites-vous ; c'est mademoiselle Colbert. Encore
moins. C'est assurément mademoiselle de Créqui. Vous n'y
êtes pas. Il faut donc à la fin vous le dire : il épouse dimanche,
au Louvre, avec la permission du roi, mademoiselle, mademoiselle de... mademoiselle, devinez le nom : il épouse Mademoiselle, ma foi ! par ma foi ! ma foi jurée ! Mademoiselle, la
grande Mademoiselle, Mademoiselle, fille de feu Monsieur,
Mademoiselle, petite-fille de Henri IV, mademoiselle d'Eu, mademoiselle de Dombes, mademoiselle de Montpensier, mademoiselle d'Orléans, Mademoiselle, cousine germaine du roi,
Mademoiselle, destinée au trône, Mademoiselle, le seul parti de
France qui fût digne de Monsieur. Voilà un beau sujet de discourir. Si vous criez, si vous êtes hors de vous-même, si vous
dites que nous avons menti, que cela est faux, qu'on se moque
de vous, que voilà une belle raillerie, que cela est bien fade à
imaginer ; si enfin vous nous dites des injures, nous trouverons

que vous avez raison; nous en avons fait autant que vous. Adieu; les lettres qui seront portées par cet ordinaire vous feront voir si nous disons vrai ou non.

A M. DE COULANGES.

A Paris, ce vendredi 19 décembre 1670.

Ce qui s'appelle tomber du haut des nues, c'est ce qui arriva hier au soir aux Tuileries; mais il faut reprendre les choses de plus loin. Vous en êtes à la joie, aux transports, aux ravissements de la princesse. Ce fut donc lundi que la chose fut déclarée, comme je vous l'ai mandé. Le mardi se passa à parler, à s'étonner, à complimenter; le mercredi, MADEMOISELLE fit une donation à M. de Lauzun, avec dessein de lui donner les titres, les noms et les ornements nécessaires pour être nommé dans le contrat de mariage qui fut fait le même jour. Elle lui donna donc, en attendant mieux, quatre duchés : le premier, c'est le comté d'Eu, qui est la première pairie de France, et qui donne le premier rang; le duché de Montpensier, dont il porta hier le nom toute la journée; le duché de Saint-Fargeau, le duché de Châtellerault : tout cela estimé vingt-deux millions. Le contrat fut dressé ensuite, où il prit le nom de Montpensier. Le jeudi matin, qui était hier, MADEMOISELLE espéra que le roi signerait le contrat, comme il l'avait dit; mais, sur les sept heures du soir, la reine, MONSIEUR et plusieurs barbons firent entendre à Sa Majesté que cette affaire faisait tort à sa réputation; en sorte qu'après avoir fait venir MADEMOISELLE et M. de Lauzun, le roi leur déclara, devant M. le Prince, qu'il leur défendait absolument de songer à ce mariage. M. de Lauzun reçut cet ordre avec tout le respect, toute la soumission, toute la fermeté et tout le désespoir que méritait une si grande chute. Pour MADEMOISELLE, suivant son humeur, elle éclata en pleurs, en cris, en douleurs violentes, en plaintes excessives, et tout le jour elle a gardé son lit, sans rien avaler que des bouillons. Voilà un beau songe, voilà un beau sujet de roman ou de tragédie, mais surtout un beau sujet de raisonner et de parler éternellement : c'est ce que nous faisons jour et nuit, soir et matin, sans fin, sans cesse; nous espérons que vous en ferez autant. *E fra tanto vi bacio le mani*

A M. DE COULANGES.

A Paris, ce mercredi 24 décembre 1670.

Vous savez présentement l'histoire romanesque de MADEMOISELLE et de M. de Lauzun. C'est le juste sujet d'une tragédie dans toutes les règles du théâtre; nous en disposions les actes et les scènes l'autre jour ; nous prenions quatre jours au lieu de vingt-quatre heures, et c'était une pièce parfaite. Jamais il ne s'est vu de si grands changements en si peu de temps; jamais vous n'avez vu une émotion si générale; jamais vous n'avez ouï une si extraordinaire nouvelle. M. de Lauzun a joué son personnage en perfection; il a soutenu ce malheur avec une fermeté, un courage, et pourtant une douleur mêlée d'un profond respect, qui l'ont fait admirer de tout le monde. Ce qu'il a perdu est sans prix ; mais les bonnes grâces du roi, qu'il a conservées, sont sans prix aussi, et sa fortune ne paraît pas déplorée. MADEMOISELLE a fort bien fait aussi; elle a bien pleuré; elle a recommencé aujourd'hui à rendre ses devoirs au Louvre, dont elle avait reçu toutes les visites. Voilà qui est fini. Adieu.

1.

A MADAME DE GRIGNAN.

A Paris, ce vendredi 6 février 1671.

Ma douleur serait bien médiocre si je pouvais vous la dépeindre, je ne l'entreprendrai pas aussi. J'ai beau chercher ma chère fille, je ne la trouve plus, et tous les pas qu'elle fait l'éloignent de moi. Je m'en allai donc à Sainte-Marie toujours pleurant et toujours mourant ; il me semblait qu'on m'arrachait le cœur et l'âme ; et en effet, quelle rude séparation ! Je demandai la liberté d'être seule : on me mena dans la chambre de madame du Housset, on me fit du feu ; *Agnès* me regardait sans me parler ; c'était notre marché : j'y passai jusqu'à cinq heures sans cesser de sangloter ; toutes mes pensées me faisaient mourir. J'écrivis à M. de Grignan, vous pouvez penser de quel ton ; j'allai ensuite chez madame de La Fayette, qui redoubla mes douleurs par l'intérêt qu'elle y prit : elle était seule, et malade et triste de la mort d'une sœur religieuse ; elle était comme je la pouvais désirer. M. de La Rochefoucauld y vint ; on ne parla que de vous, de la raison que j'avais d'être touchée, et du dessein de parler comme il faut à *Mellusine*[1]. Je vous réponds qu'elle sera bien relancée. D'Hacqueville vous rendra un bon compte de cette affaire. Je revins enfin à huit heures de chez madame de La Fayette ; mais, en entrant ici, bon Dieu ! comprenez-vous bien ce que je sentis en montant ce degré ? Cette chambre où j'entrais toujours, hélas ! j'en trouvai les portes ouvertes ; mais je vis tout démeublé, tout dérangé, et votre petite fille qui me représentait la mienne. Comprenez-vous bien tout ce que je souffris ? Les réveils de la nuit ont été noirs, et le matin je n'étais point avancée d'un pas

---

[1] Madame de Marans, sœur de mademoiselle de Montalais, fille d'honneur de MADAME, Henriette d'Angleterre.

Mellusine est une fée des romans de chevalerie, célèbre par ses cris.

pour le repos de mon esprit. L'après-dînée se passa avec madame de La Troche à l'Arsenal. Le soir, je reçus votre lettre qui me remit dans les premiers transports, et ce soir j'achèverai celle-ci chez madame de Coulanges, où j'apprendrai des nouvelles ; car, pour moi, voilà ce que je sais, avec les douleurs de tous ceux que vous avez laissés ici ; toute ma lettre serait pleine de compliments, si je voulais.

A MADAME DE GRIGNAN.

A Paris, ce mercredi au soir, 11 février 1671.

Je viens de recevoir tout présentement votre lettre de Nogent ; elle m'a été donnée par un fort honnête homme que j'ai questionné tant que j'ai pu ; mais votre lettre vaut mieux que tout ce qui se peut dire. Il était bien juste, ma fille, que ce fût vous la première qui me fît rire, après m'avoir tant fait pleurer. Ce que vous me mandez de M. Busche[1] est original, cela s'appelle des traits dans le style de l'éloquence ; j'en ai donc ri, je vous l'avoue, et j'en serais honteuse, si, depuis huit jours, j'avais fait autre chose que de pleurer. Hélas ! je le rencontrai dans la rue ce M. Busche qui amenait vos chevaux, je l'arrêtai, et, tout en pleurs, je lui demandai son nom ; il me le dit ; je lui dis en sanglotant : M. Busche, je vous recommande ma fille, ne la versez point ; et quand vous l'aurez menée heureusement à Lyon, venez me voir pour me dire de ses nouvelles ; je vous donnerai de quoi boire. Je le ferai assurément : ce que vous me mandez sur son sujet augmente beaucoup le respect que j'avais déjà pour lui. Mais vous ne vous portez point bien, vous n'avez point dormi ; le chocolat vous remettra : mais vous n'avez point de chocolatière, j'y ai pensé mille fois ; comment ferez-vous ? Hélas ! mon enfant,

[1] Conducteur de Madame de Grignan.

vous ne vous trompez point quand vous croyez que je suis
occupée de vous encore plus que vous ne l'êtes de moi, quoique vous me le paraissiez plus que je ne vaux. Si vous me
voyez, vous me voyez chercher ceux qui en veulent bien parler;
si vous m'écoutez, vous entendez que j'en parle. C'est assez
vous dire que j'ai fait une visite à l'abbé Guêton, pour parler
des chemins et de la route de Lyon. Je n'ai encore vu aucun
de ceux qui veulent me divertir; en paroles couvertes, c'est
qu'ils veulent m'empêcher de penser à vous, et cela m'offense.
Adieu, ma très-aimable, continuez à m'écrire et à m'aimer ;
pour moi, je suis tout entière à vous, j'ai des soins extrêmes de
votre enfant. Je n'ai point de lettres de M. de Grignan, et je
ne laisse pas de lui écrire.

A MADAME DE GRIGNAN.

A Paris, mercredi 18 février 1671.

Je vous conjure, ma fille, de conserver vos yeux : pour les
miens, vous savez qu'ils doivent finir à votre service. Vous
comprenez bien, ma belle, que, de la manière dont vous m'é-
crivez, il faut bien que je pleure en lisant vos lettres. Pour
comprendre quelque chose de l'état où je suis, joignez, ma
bonne, à la tendresse et à l'inclination naturelle que j'ai pour
votre personne, la petite circonstance d'être persuadée que
vous m'aimez, et jugez de l'excès de mes sentiments. Méchante ! pourquoi me cachez-vous quelquefois de si précieux
trésors ? Vous avez peur que je ne meure de joie; mais ne
craignez-vous pas que je ne meure du déplaisir de croire voir
le contraire ? Je prends d'Hacqueville à témoin de l'état où il
m'a vue autrefois : mais quittons ces tristes souvenirs, et laissez-moi jouir d'un bien sans lequel la vie m'est dure et fâ-
cheuse. Ce ne sont point des paroles, mais des vérités. Ma-

dame de Guénégaud m'a mandé de quelle manière elle vous a vue pour moi : je vous conjure d'en garder le fond ; mais plus de larmes, je vous en prie : elles ne vous sont pas si saines qu'à moi. Je suis présentement assez raisonnable ; je me soutiens au besoin, et quelquefois je suis quatre à cinq heures tout comme une autre ; mais peu de chose me remet à mon premier état ; un souvenir, un lieu, une parole, une pensée un peu trop arrêtée, vos lettres surtout, les miennes même en les écrivant, quelqu'un qui me parle de vous ; voilà les écueils à ma constance, et ces écueils se rencontrent souvent. J'ai vu Raymond chez la comtesse du Lude ; elle me chanta un nouveau récit du ballet ; mais si vous voulez qu'on le chante, chantez-le. Je vois madame de Villars ; je me plais avec elle, parce qu'elle entre dans mes sentiments ; elle vous dit mille amitiés. Madame de La Fayette comprend fort bien aussi les tendresses que j'ai pour vous ; elle est touchée de l'amitié que vous me témoignez. Je suis assez souvent dans ma famille, quelquefois ici le soir par lassitude, mais rarement. J'ai vu cette pauvre madame Amelot ; elle pleure bien, je m'y connais. Faites quelque mention de certaines gens dans vos lettres, afin que je le leur puisse dire. Je vais aux sermons des Mascaron et des Bourdaloue ; ils se surpassent à l'envi. Voilà bien de mes nouvelles ; j'ai fort envie de savoir des vôtres, et comment vous vous serez trouvée à Lyon ; pour vous dire le vrai, je ne pense à nulle autre chose. Je sais votre route, et où vous avez couché tous les jours ; vous étiez dimanche à Lyon ; vous auriez bien fait de vous y reposer quelques jours. Vous m'avez donné envie de m'informer de la mascarade du mardi gras : j'ai su qu'un *grand homme, plus grand de trois doigts qu'un autre*[1]

---

[1] Madame de Sévigné veut parler de Louis XIV.

avait fait faire un habit admirable; il ne voulut point le mettre, et il se trouva par hasard qu'une dame qu'il ne connaît point du tout, à qu'il n'a jamais parlé, n'était point à l'assemblée; du reste, il faut que je dise comme Voiture[1] : personne n'est encore mort de votre absence, hormis moi. Ce n'est pas que le carnaval n'ait été d'une tristesse excessive, vous pouvez vous en faire honneur : pour moi, j'ai cru que c'était à cause de vous; mais ce n'est point assez pour une absence comme la vôtre. J'envoie pour cette fois cette lettre en Provence; j'embrasse M. de Grignan, et je meurs d'envie de savoir de vos nouvelles. Dès que j'ai reçu une lettre, j'en voudrais tout à l'heure une autre; je ne respire que d'en recevoir.

Vous me dites des merveilles du tombeau de M. de Montmorency, et de la beauté de mesdemoiselles de Valençai. Vous écrivez extrêmement bien, personne n'écrit mieux : ne quittez jamais le naturel, votre tour s'y est formé, et cela compose un style parfait. J'ai fait vos compliments à madame de La Fayette, et à M. de La Rochefoucauld, et à Langlade; tout cela vous aime, vous estime et vous sert en toute occasion. Vos chansons m'ont paru jolies; j'en ai reconnu les styles. Ah! mon enfant, que je voudrais bien vous voir un peu, vous entendre, vous embrasser, vous voir passer, si c'est trop demander que le reste ! Hé bien ! par exemple, voilà de ces pensées à quoi je ne résiste pas. Je sens qu'il m'ennuie de ne vous plus avoir : cette séparation me fait une douleur au cœur et à l'âme, que je sens comme un mal du corps. Je ne vous puis assez remercier de toutes les lettres que vous m'avez écrites sur le chemin : ces soins sont trop aimables, et font bien leur

---

[1] Voiture jouissait d'une telle réputation littéraire, qu'à sa mort (1648), l'Académie prit le deuil.

effet aussi ; rien n'est perdu avec moi ; vous m'avez écrit de partout : j'ai admiré votre bonté ; cela ne se fait point sans beaucoup d'amitié ; autrement on serait plus aise de se reposer et de se coucher. L'impatience que j'ai d'avoir encore de vos nouvelles et de Rouanne et de Lyon n'est pas médiocre ; je suis en peine de votre embarquement, et de savoir ce que vous a paru ce furieux Rhône en comparaison de notre Loire, à laquelle vous avez tant fait de civilités. Que vous êtes honnête de vous en être souvenue comme d'une de vos anciennes amies ! Hélas ! de quoi ne me souviens-je point ? Les moindres choses me sont chères ; j'ai mille dragons[1]. Quelle différence ! je ne revenais jamais ici sans impatience et sans plaisir ; présentement j'ai beau chercher, je ne vous trouve plus ; et comment peut-on vivre quand on sait que, quoi qu'on fasse, on ne trouvera plus une si chère enfant ? Je vous ferai bien voir si je la souhaite, par le chemin que je ferai pour l'aller chercher.

A MADAME DE GRIGNAN.

Vendredi 20 février 1671.

Je vous avoue que j'ai une extraordinaire envie de savoir de vos nouvelles : songez, ma chère fille, que je n'en ai point eu depuis la Palice ; je ne sais rien du reste de votre voyage jusqu'à Lyon, ni de votre route jusqu'en Provence ; je suis bien assurée qu'il me viendra des lettres ; je ne doute point que vous ne m'ayez écrit ; mais je les attends, et je ne les ai pas : il faut se consoler et s'amuser en vous écrivant. Vous saurez, ma petite, qu'avant-hier au soir, mercredi, après être revenue de chez M. de Coulanges, où nous faisons nos paquets les jours d'ordinaire, je songeai à me coucher ; cela n'est pas très-

---

[1] *Dragons*, mot employé alors pour inquiétudes, imaginations.

extraordinaire, mais ce qui l'est beaucoup, c est qu'à **trois**
heures après minuit j'entendis crier au voleur, au feu; et ces
cris si près de moi, si redoublés, que je ne doutai point que ce
ne fût ici; je crus même entendre qu'on parlait de ma pauvre
petite-fille; je ne doutai point qu'elle ne fût brûlée : je me le-
vai dans cette crainte, sans lumière, avec un tremblement qui
m'empêchait quasi de me soutenir. Je courus à son appartement qui est le vôtre, je trouvai tout dans une grande tranquillité; mais je vis la maison de Guitaud tout en feu; les
flammes passaient par-dessus la maison de madame de Vauvineux : on voyait dans nos cours, et surtout chez M. de Guitaud, une clarté qui faisait horreur : c'étaient des cris, c'était
une confusion, c'était un bruit épouvantable des poutres et
des solives qui tombaient. Je fis ouvrir ma porte, j'envoyai
mes gens au secours : M. de Guitaud m'envoya une cassette
de ce qu'il a de plus précieux; je la mis dans mon cabinet, et
puis je voulus aller dans la rue pour béer comme les autres :
j'y trouvai M. et madame de Guitaud quasi nus, l'ambassadeur
de Venise, tous ses gens, la petite de Vauvineux qu'on portait
tout endormie chez l'ambassadeur, plusieurs meubles et vais-
selles d'argent qu'on sauvait chez lui. Madame de Vauvineux
faisait démeubler : pour moi, j'étais comme dans une île, mais
j'avais grande pitié de mes pauvres voisins. Madame Guéton et
son frère donnaient de très-bons conseils; nous étions dans la
consternation : le feu était si allumé qu'on n'osait en approcher,
et l'on n'espérait la fin de cet embrasement qu'avec la fin de
la maison de ce pauvre Guitaud. Il faisait pitié; il voulait aller
sauver sa mère qui brûlait au troisième étage; sa femme s'at-
tachait à lui, et le retenait avec violence; il était entre la douleur de ne pas secourir sa mère, et la crainte de blesser sa
femme; enfin il me pria de tenir sa femme, je le fis : il trouva

que sa mère avait passé au travers de la flamme, et qu'elle
était sauvée. Il voulut aller retirer quelques papiers; il ne put
approcher du lieu où ils étaient : enfin il revint à nous dans
cette rue où j'avais fait asseoir sa femme : des capucins, pleins
de charité et d'adresse, travaillèrent si bien qu'ils coupèrent
le feu [1]. On jeta de l'eau sur le reste de l'embrasement, et enfin le combat finit faute de combattants, c'est-à-dire après que
le premier et le second étage de l'antichambre et de la petite
chambre et du cabinet, qui sont à main droite du salon, eurent
été entièrement consumés. On appela bonheur ce qui restait
de la maison, quoiqu'il y ait pour Guitaud pour plus de dix
mille écus de perte; car on compte de faire rebâtir cet appartement, qui était peint et doré. Il y avait plusieurs beaux tableaux à M. Le Blanc, à qui est la maison; il y avait aussi plusieurs tables, miroirs, miniatures, meubles, tapisseries. Ils ont
un grand regret à des lettres; je me suis imaginé que c'étaient
des lettres de M. le Prince. Cependant, vers les cinq heures du
matin, il fallut songer à madame de Guitaud; je lui offris mon
lit; mais madame Guêton la mit dans le sien, parce qu'elle
a plusieurs chambres meublées. Nous la fîmes saigner; nous
envoyâmes querir *Boucher*. Elle est donc chez cette pauvre
madame Guêton; tout le monde la vient voir, et moi je continue mes soins, parce que j'ai trop bien commencé pour ne
pas achever. Vous m'allez demander comment le feu s'était
mis à cette maison; on n'en sait rien, il n'y en avait point dans
l'appartement où il a pris : mais si on avait pu rire dans une
si triste occasion, quels portraits n'aurait-on pas faits de l'état
où nous étions tous? Guitaud était nu en chemise avec des
chausses; madame de Guitaud était nu-jambes, et avait perdu

---

[1] Les capucins remplissaient cet office volontairement; le corps des
pompiers ne fut créé qu'en 1699.

une de ses mules de chambre ; madame de Vauvineux était en petite jupe sans robe de chambre ; tous les valets, tous les voisins, en bonnets de nuit : l'ambassadeur était en robe de chambre et en perruque, et conserva fort bien la gravité de la *sérénissime*. Je prie *Deville*[1] de faire tous les soirs une ronde pour voir si le feu est éteint partout ; on ne saurait avoir trop de précaution pour éviter ce malheur. Je souhaite que l'eau vous ait été favorable ; en un mot, je vous souhaite tous les biens, et je prie Dieu qu'il vous garantisse de tous les maux.

A MADAME DE GRIGNAN.

A Paris, mardi 3 mars 1671.

Si vous étiez ici, ma chère enfant, vous vous moqueriez de moi ; j'écris de provision, mais c'est par une raison bien différente de celle que je vous donnais un jour pour m'excuser d'avoir écrit à quelqu'un une lettre qui ne devait partir que dans deux jours ; c'était parce que je ne me souciais guère de lui, et que dans deux jours je n'aurais pas autre chose à lui dire. Voici tout le contraire ; c'est que je me soucie beaucoup de vous, que j'aime à vous entretenir à toute heure, et que c'est la seule consolation que je puisse avoir présentement. Je suis aujourd'hui toute seule dans ma chambre, par l'excès de ma mauvaise humeur. Je suis lasse de tout ; je me suis fait un plaisir de dîner ici, et je m'en fais un de vous écrire hors de propos : mais, hélas ! vous n'avez pas de ces sortes de loisirs. J'écris tranquillement, et je ne comprends pas que vous puissiez lire de même : je ne vois pas un moment où vous soyez à vous ; je vois un mari qui vous adore, qui ne peut se

---

[1] Maître d'hôtel de M. de Grignan.

lasser d'être auprès de vous, et qui peut à peine comprendre
son bonheur. Je vois des harangues, des infinités de compliments, de civilités, de visites ; on vous fait des honneurs extrêmes; il faut répondre à tout cela, vous êtes accablée ; moi-
même, sur ma petite boule, je n'y suffirais pas. Que fait votre
paresse pendant tout ce fracas ? Elle souffre, elle se retire dans
quelque petit cabinet, elle meurt de peur de ne plus retrouver sa place ; elle vous attend dans quelque moment perdu
pour vous faire au moins souvenir d'elle, et vous dire un mot
en passant. Hélas ! dit-elle, m'avez-vous oubliée? Songez que
je suis votre plus ancienne amie, celle qui ne vous a jamais
abandonnée, la fidèle compagne de vos plus beaux jours ; que
c'est moi qui vous consolais de tous les plaisirs, et qui même
quelquefois vous les faisais haïr ; qui vous ai empêchée de mourir d'ennui en Bretagne; quelquefois votre mère troublait nos
plaisirs, mais je savais bien où vous reprendre : présentement
je ne sais plus où j'en suis ; les honneurs et les représenta-
tions me feront périr, si vous n'avez soin de moi. Il me semble que vous lui dites en passant un petit mot d'amitié, vous
lui donnez quelque espérance de vous posséder à Grignan ;
mais vous passez assez vite, et n'avez pas le loisir d'en dire
davantage[1]. Le devoir et la raison sont autour de vous, et ne
vous donnent pas un moment de repos : moi-même, qui les ai
toujours tant honorés, je leur suis contraire, et ils me le sont :
le moyen qu'ils vous laissent le temps de lire de telles lanter-
neries? Je vous assure, ma chère enfant, que je songe à vous
continuellement; et je sens tous les jours ce que vous me
dites une fois, qu'il ne fallait point appuyer sur certaines pensées ; si l'on ne glissait par-dessus, on serait toujours en lar-

[1] Ce passage est charmant, quoique rappelant un peu les Précieuses.

mes; c'est-à-dire moi. Il n'y a lieu dans cette maison qui ne me blesse le cœur; toute votre chambre me tue : j'y ai fait mettre un paravent tout au milieu pour rompre un peu la vue; une fenêtre de ce degré par où je vous vis monter dans le carrosse de d'Hacqueville, et par où je vous rappelai, me fait peur à moi-même, quand je pense combien alors j'étais capable de me jeter par la fenêtre, car je suis folle quelquefois; ce cabinet où je vous embrassai sans savoir ce que je faisais; ces Capucins où j'allai entendre la messe; ces larmes qui tombaient de mes yeux à terre, comme si c'eût été de l'eau qu'on eût répandue; Sainte-Marie, madame de La Fayette, mon retour dans cette maison, votre appartement, la nuit, le lendemain; et votre première lettre, et toutes les autres, et encore tous les jours; et tous les entretiens de ceux qui entrent dans mes sentiments : ce pauvre d'Hacqueville est le premier; je n'oublierai jamais la pitié qu'il eut de moi. Voilà donc où j'en reviens; il faut glisser sur tout cela, et se bien garder de s'abandonner à ses pensées et aux mouvements de son cœur : j'aime mieux m'occuper de la vie que vous faites maintenant; cela me fait une diversion, sans m'éloigner pourtant de mon sujet et de mon objet, qui est ce qui s'appelle poétiquement l'objet aimé. Je songe donc à vous, et je souhaite toujours de vos lettres : quand je viens d'en recevoir, j'en voudrais bien encore. J'en attends présentement, et je reprendrai ma lettre quand j'aurai reçu de vos nouvelles. J'abuse de vous, ma très-chère; j'ai voulu aujourd'hui me permettre cette lettre d'avance; mon cœur en avait besoin, je n'en ferai pas une coutume.

A MADAME DE GRIGNAN.

A Paris, mercredi 4 mars 1671.

Ah! ma fille, quelle lettre! quelle peinture de l'état où vous
avez été! et que je vous aurais mal tenu ma parole, si je vous
avais promis de n'être point effrayée d'un si grand péril! Je
sais bien qu'il est passé : mais il est impossible de se représenter votre vie si proche de sa fin sans frémir d'horreur. Et
M. de Grignan vous laisse embarquer pendant un orage; et
quand vous êtes téméraire, il trouve plaisant de l'être encore
plus que vous! au lieu de vous faire attendre que l'orage soit
passé, il veut bien vous exposer! Ah! mon Dieu, qu'il eût été
bien mieux d'être timide, et de vous dire que, si vous n'aviez
point de peur, il en avait, lui, et ne souffrirait point que vous
traversassiez le Rhône par un temps comme celui qu'il faisait!
Que j'ai de peine à comprendre sa tendresse en cette occasion! Ce Rhône qui fait peur à tout le monde, ce pont d'Avignon où l'on aurait tort de passer en prenant de loin toutes
ses mesures, un tourbillon de vent vous jette violemment sous
une arche; et quel miracle que vous n'ayez pas été brisés et
noyés dans un moment! Je ne soutiens pas cette pensée, j'en
frissonne, et je m'en suis réveillée avec des sursauts dont je
ne suis pas la maîtresse. Trouvez-vous toujours que le Rhône
ne soit que de l'eau? De bonne foi, n'avez-vous point été effrayée d'une mort si proche et si inévitable? Une autre fois ne
serez-vous point un peu moins hasardeuse? Une aventure
comme celle-là ne vous fera-t-elle point voir les dangers aussi
terribles qu'ils le sont? Je vous prie de m'avouer ce qui vous
en est resté; je crois du moins que vous avez rendu grâces à
Dieu de vous avoir sauvée. Pour moi, je suis persuadée que
les messes que j'ai fait dire tous les jours pour vous ont

fait ce miracle; et je suis plus obligée à Dieu de vous avoir conservée dans cette occasion que de m'avoir fait naître. C'est à M. de Grignan que je m'en prends; le coadjuteur a bon temps; il n'a été grondé que pour la montagne de **Tarare**; elle me paraît présentement comme les pentes de Nemours. M. Busche m'est venu voir tantôt; j'ai pensé l'embrasser en songeant comme il vous a bien menée; je l'ai fort entretenu de vos faits et gestes, et puis je lui ai donné de quoi boire un peu à ma santé. Cette lettre vous paraîtra bien ridicule; vous la recevrez dans un temps où vous ne songerez plus au pont d'Avignon. Faut-il que j'y pense, moi, présentement? C'est le malheur des commerces éloignés; il faut s'y résoudre, et ne pas même se révolter contre cet inconvénient : cela est naturel, et la contrainte serait trop grande d'étouffer toutes ses pensées; il faut entrer dans l'état naturel où l'on est, en répondant à une chose qui tient au cœur : vous serez donc obligée de m'excuser souvent. J'attends des relations de votre séjour à Arles; je sais que vous y aurez trouvé bien du monde. Ne m'aimez-vous point de vous avoir appris l'italien? Voyez comme vous vous en êtes bien trouvée avec ce vice-légat: ce que vous dites de cette scène est excellent; mais que j'ai peu goûté le reste de votre lettre! Je vous épargne mes éternels *recommencements* sur ce pont d'Avignon; je ne l'oublierai de ma vie.

A MADAME DE GRIGNAN.

Paris, 11 mars 1671.

Je reçois votre lettre, ma chère enfant, et j'y fais réponse avec précipitation, parce qu'il est tard : cela me fait approuver les avances de provision. Je vois bien que tout ce qu'on m'a dit de vos aventures à votre arrivée n'est pas vrai; j'en suis très-aise; ces sortes de petits procès dans les villes de province, où l'on n'a rien autre chose dans la tête, font une éternité d'é-claircissements, et c'est pour mourir d'ennui. Mais vous êtes bien plaisante, madame la comtesse, de montrer mes lettres : où est donc ce principe de cachotterie pour ce que vous aimez? Vous souvient-il avec quelle peine nous attrapions les dates de celles de M. de Grignan? Vous pensez m'apaiser par vos louanges, et me traiter toujours comme la *Gazette de Hollande ;* je m'en vengerai. Vous cachez les tendresses que je vous mande, friponne ; et moi je montre quelquefois, et à certaines gens, celles que vous m'écrivez. Je ne veux pas qu'on croie que j'ai pensé mourir, et que je pleure tous les jours, *pour qui? pour une ingrate.* Je veux qu'on voie que vous m'aimez, et que si vous avez mon cœur tout entier, j'ai une place dans le vôtre. Je ferai tous vos compliments. Chacun me demande : Ne suis-je point nommé? Et je dis : Non, pas encore, mais vous le serez. Par exemple, nommez-moi un peu M. d'Ormesson, et les Mesmes ; il y a presse à votre souvenir ; ce que vous envoyez ici est tout aussitôt enlevé : ils ont raison, ma fille ; vous êtes aimable, et rien n'est comme vous. Voilà, du moins, ce que vous cacherez ; car, depuis Niobé, jamais une mère n'a parlé comme je fais. Pour M. de Grignan, il peut bien s'assurer que, si je puis quelque jour avoir sa femme, je ne la lui rendrai pas. Comment! ne me pas remercier d'un tel présent! ne me point dire qu'il est transporté! Il m'écrit pour me la demander, et ne me remercie point quand je la lui donne. Je comprends pourtant qu'il peut fort bien être accablé ainsi que vous, ma colère ne tient à guère, et ma tendresse pour vous deux tient à beaucoup. Tout ce que vous me mandez est très-plaisant ; c'est dommage que vous n'ayez eu le temps d'en dire davantage. Mon Dieu! que j'ai d'envie de recevoir de vos lettres! Il y a déjà près d'une demi-heure que je n'en ai reçu. Je ne sais aucune nouvelle : le roi se porte fort bien ; il va de Versailles à Saint-Germain, de Saint-Germain à Versailles ; tout est comme il était. La reine fait souvent ses dévotions, et va au salut du Saint-Sacrement. Le père Bourdaloue prêche : bon Dieu ! tout est au-dessous des louanges qu'il mérite. L'autre jour notre abbé eut un démêlé, avant le sermon, avec M. de Noyon, qui lui fit entendre qu'il devait bien quitter sa place à un homme de la maison de Clermont. On a fort ri de ce titre pour avoir la place d'un abbé à l'église ; on a bien raconté là-dessus toutes les clefs de la maison de Tonnerre et toute la science du prélat sur la *pairie*. Je dîne tous les vendredis chez Le Mans avec M. de La Rochefoucauld, madame de Brissac, et Benserade, qui toujours y fait la joie de la compagnie. Si la Provence m'aime, je suis fort sa servante aussi ; conservez-moi l'honneur de ses bonnes grâces ; je lui ferai mes compliments quand vous voudrez. Je vous ai donné un voyage, c'est à vous de le placer. Je ne dis rien à M. de Vardes ni à mon ami Corbinelli ; je les crois retournés en Languedoc. J'aime votre fille à cause de vous ; mes entrailles n'ont point encore pris le train des tendresses d'une grand'mère.

A MADAME DE GRIGNAN.

A Paris, vendredi 13 mars 1671.

Me voici à la joie de mon cœur, toute seule dans ma chambre à vous écrire paisiblement ; rien ne m'est si agréable que cet état. J'ai dîné aujourd'hui chez madame de Lavardin après avoir été en Bourdaloue, où étaient les mères de l'Église ; c'est ainsi que j'appelle les princesses de Conti et de Longueville. Tout ce qui était au monde était à ce sermon, et ce sermon était digne de tout ce qui l'écoutait. J'ai songé vingt fois à vous, et vous ai souhaitée autant de fois auprès de moi ; vous auriez été ravie de l'entendre, et moi encore plus ravie de vous le voir entendre. M. de La Rochefoucauld a reçu très-plaisamment, chez madame de Lavardin, le compliment que vous lui faites ; on a fort parlé de vous. M. d'Ambres y était avec sa cousine de Brissac : il a paru s'intéresser beaucoup à votre prétendu naufrage ; on a parlé de votre hardiesse : M. de La Rochefoucauld a dit que vous aviez voulu paraître brave, dans l'espérance que quelque charitable personne vous en empêcherait ; et que, n'en ayant point trouvé, vous aviez dû être dans le même embarras que Scaramouche. J'ai été faire des compliments pour vous à l'hôtel de Rambouillet ; on vous en rend mille. Madame de Montausier est au désespoir de ne vous point voir. J'ai été chez madame du Pui-du-Fou ; j'ai été, pour la troisième fois, chez madame de Maillanes ; je me fais rire moi-même en observant le plaisir que j'ai de faire toutes ces choses. Au reste, si vous croyez les filles de la reine enragées, vous croyez bien. Il y a huit jours que madame de Ludres, Coëtlogon et la petite de Rouvroi furent mordues d'une petite chienne qui était à Théobon, cette petite chienne est morte enragée ; de sorte que Ludres, Coëtlogon et Rouvroi sont parties ce matin pour aller à Dieppe, et se faire jeter trois fois dans la mer. Ce voyage est triste ; Benserade en était au désespoir ; Théobon n'a pas voulu y aller, quoiqu'elle ait été mordillée. La reine ne veut pas qu'elle la serve, qu'on ne sache ce qui arrivera de toute cette aventure. Ne trouvez-vous point que Ludres ressemble à Andromède ? Pour moi, je la vois attachée au rocher, et Tréville sur un cheval ailé qui tue le monstre. *Ah ! Zézu ! matame te Grignan, l'étranze sose t'être zetée toute nue tant la mer*[1] *!*

---

[1] Manière de prononcer de madame de Ludres.

Voilà bien des lanternes, et je ne sais rien de vous ; vous
croyez que je devine ce que vous faites ; mais j'y prends trop
d'intérêt, et à votre santé, et à l'état de votre esprit, pour vouloir me borner à ce que j'en imagine : les moindres circonstances sont chères de ceux qu'on aime parfaitement, autant
qu'elles sont ennuyeuses des autres : nous l'avons dit mille
fois, et cela est vrai. La Vauvineux vous fait cent compliments ; sa fille a été bien malade ; madame d'Arpajon l'a été
aussi : nommez-moi tout cela avec madame de Verneuil, à
votre loisir. Voilà une lettre de M. de Condom, qu'il m'a envoyée avec un billet fort joli. Ah ! Bourdaloue ! quelles divines
vérités vous nous avez dites aujourd'hui sur la mort ! Madame
de La Fayette y était pour la première fois de sa vie, elle était
transportée d'admiration ; elle est ravie de votre souvenir, et
vous embrasse de tout son cœur. Je lui ai donné une belle co
pie de votre portrait : il pare sa chambre, où vous n'êtes jamais oubliée.

Je vis une chose hier, chez MADEMOISELLE, qui me fit plaisir.
Madame de Gêvres arrive, belle, charmante, et de bonne
grâce ; madame d'Arpajon était au-dessus de moi ; je pense
que la duchesse s'attendait que je lui dusse offrir ma place :
ma foi, je lui devais une incivilité de l'autre jour, je la lui
payai comptant, et ne branlai pas. MADEMOISELLE était au lit,
madame de Gêvres a donc été contrainte de se mettre au-dessous de l'estrade ; cela est fâcheux. On apporte à boire à MADE-
MOISELLE, il faut donner la serviette ; je vois madame de Gêvres
qui dégante sa main maigre ; je pousse madame d'Arpajon ;
elle m'entend, et se dégante ; et, d'une très-bonne grâce,
avance un pas, coupe la duchesse, et prend et donne la serviette. La duchesse de Gêvres en a eu toute la honte ; elle était
montée sur l'estrade et elle avait ôté ses gants, et tout cela

pour voir donner la serviette de plus près par madame d'Arpajon. Ma fille, je suis méchante, cela m'a réjouie ; c'est bien employé ; a-t-on jamais vu accourir pour ôter à madame d'Arpajon, qui est dans la ruelle, un petit honneur qui lui vient tout naturellement? Madame de Puisieux s'en est épanoui la rate. MADEMOISELLE n'osait lever les yeux, et moi j'avais une mine qui ne valait rien. Après cela on m'a dit cent mille biens de vous, et MADEMOISELLE m'a commandé de vous dire qu'elle était fort aise que vous ne fussiez point noyée, et que vous fussiez en bonne santé. Nous fûmes chez madame Colbert, qui me demanda de vos nouvelles. Voilà de terribles bagatelles ; mais je ne sais rien ; vous voyez que je ne suis plus dévote : hélas ! j'aurais bien besoin des matines et de la solitude de Livry ; si est-ce que je vous donnerai les deux livres de la Fontaine, quand vous devriez être en colère ; il y a des endroits jolis, et d'autres ennuyeux : on ne veut jamais se contenter d'avoir bien fait, et en voulant mieux faire on fait plus mal.

A MADAME DE GRIGNAN.

A Paris, mercredi 18 mars 1671.

Madame d'Humières m'a chargée de mille amitiés pour vous ; elle s'en va à Lille, où elle sera honorée, comme vous l'êtes à Aix. Le maréchal de Bellefonds, par un pur sentiment de piété, s'est accommodé avec ses créanciers ; il leur a cédé le fonds de son bien, et donné plus de la moitié du revenu de sa charge, pour achever de payer les arrérages. Cette exécution est belle, et fait bien voir que ses voyages à la Trappe ne sont pas inutiles. J'allai voir l'autre jour cette duchesse de Ventadour ; elle était belle comme un ange. Madame la duchesse de Nevers y vint coiffée à faire rire : il faut m'en croire, car vous savez comme j'aime la mode excessive. La Martin [1], l'avait *bretaudée* par plaisir comme un patron de mode; elle avait donc tous les cheveux coupés sur la tête, et frisés *naturellement* par cent papillotes qui lui font souffrir mort et passion toute la nuit. Cela fait une petite tête de chou ronde, sans que rien accompagne les côtés. Ma fille, c'était la plus ridicule chose que l'on pût imaginer : elle n'avait point de coiffe; mais encore passe, elle est jeune et jolie; mais toutes ces femmes de Saint-Germain, et cette La Mothe surtout, se font *testonner* par la Martin; cela est au point que le roi et toutes les dames sensées en pâment de rire : elles en sont encore à cette jolie coiffure que Montgobert [2] sait si bien; je veux dire ces boucles renversées. Voilà tout; on se divertit extrêmement à voir outrer cette nouvelle mode jusqu'à la folie.

A MADAME DE GRIGNAN.

A Livry, jeudi saint, 26 mars 1671.

Si j'avais autant pleuré mes péchés que j'ai pleuré pour vous depuis que je suis ici, je serais très-bien disposée pour faire mes pâques et mon jubilé. J'ai passé ici le temps que j'avais résolu, de la manière dont je l'avais imaginé, à la réserve de votre souvenir, qui m'a plus tourmentée que je ne l'avais prévu. C'est une chose étrange qu'une imagination vive, qui représente toutes choses comme si elles étaient encore : sur cela on songe au présent, et quand on a le cœur comme je l'ai, on se meurt. Je ne sais où me sauver de vous : notre maison de Paris m'assomme encore tous les jours, et Livry m'achève. Pour vous, c'est par un effort de mémoire que vous pensez à moi : la Provence n'est point obligée de me rendre à vous,

---

[1] Fameuse coiffeuse de ce temps-là.
[2] Demoiselle de compagnie de madame de Grignan.

comme ces lieux-ci doivent vous rendre à moi. J'ai trouvé de
la douceur dans la tristesse que j'ai eue ici ; une grande solitude, un grand silence, un office triste, des Ténèbres chan-
tées avec dévotion, un jeûne canonique, et une beauté dans
ces jardins, dont vous seriez charmée ; tout cela m'a plu. Je
n'avais jamais été à Livry la semaine sainte : hélas ! que je
vous y ai souhaitée ! Quelque difficile que vous soyez sur la
solitude, vous auriez été contente de celle-ci. Mais je m'en retourne à Paris par la nécessité ; j'y trouverai de vos lettres, et
je veux demain aller à la Passion du père Bourdaloue ou du
père Mascaron ; j'ai toujours honoré les belles Passions. Adieu,
ma chère petite, j'achèverai cette lettre à Paris ; voilà ce que
vous aurez de Livry : si j'avais eu la force de ne vous y point
écrire, et de faire un sacrifice à Dieu de tout ce que j'y ai
senti, cela vaudrait mieux que toutes les pénitences du monde ;
mais au lieu d'en faire usage, j'ai cherché de la consolation à
vous en parler. Ah ! ma fille, que cela est faible et misérable !

A MADAME DE GRIGNAN.

A Paris, mercredi, 1ᵉʳ avril 1671.

Je revins hier de Saint-Germain : j'étais avec madame
d'Arpajon. Le nombre de ceux qui me demandèrent de vos
nouvelles est aussi grand que celui de tous ceux qui composent
la cour. Je pense qu'il est bon de distinguer la reine, qui fit
un pas vers moi, et me demanda des nouvelles de ma fille, sur
son aventure du Rhône. Je la remerciai de l'honneur qu'elle
vous faisait de se souvenir de vous. Elle reprit la parole, et
me dit : Contez-moi comme elle a pensé périr. Je me mis à
lui conter votre belle hardiesse de vouloir traverser le Rhône
par un grand vent, et que ce vent vous avait jetée rapidement
sous une arche à deux doigts du pilier, où vous auriez péri

mille fois, si vous l'aviez touché. La reine me dit : Et son mari était-il avec elle? — Oui, madame, et M. le coadjuteur aussi. — Vraiment, ils ont grand tort, reprit-elle; et fit des hélas, et dit des choses très-obligeantes pour vous. Il vint ensuite bien des duchesses, entre autres la jeune Ventadour, très-belle et très-jolie. On fut quelques moments sans lui apporter ce divin tabouret; je me tournai vers le grand maître[1], et je dis : Hélas! qu'on le lui donne : il lui coûte assez cher[2]. Il fut de mon avis. Au milieu du silence du cercle, la reine se tourne, et me dit : A qui ressemble votre petite-fille? Madame, lui dis-je, elle ressemble à M. de Grignan. Sa Majesté fit un cri, j'en suis fâchée, et me dit doucement : Elle aurait bien mieux fait de ressembler à sa mère ou à sa grand'mère. Voilà ce que vous me valez de faire ma cour. Le maréchal de Bellefonds m'a fait promettre de le tirer de la presse; M. et madame de Duras, à qui j'ai fait vos compliments, MM. de Charost et de Montausier, et *tutti quanti*, vous les rendent au centuple. Je ne dois pas oublier M. le Dauphin et Mademoiselle, qui m'ont fort parlé de vous. J'ai vu madame de Ludres; elle vint m'aborder avec une surabondance d'amitié qui me surprit; elle me parla de vous sur le même ton; et puis tout d'un coup, comme je pensais lui répondre, je trouvai qu'elle ne m'écoutait plus, et que ses beaux yeux trottaient par la chambre : je le vis promptement, et ceux qui virent que je le voyais me surent bon gré de l'avoir vu, et se mirent à rire. Elle a été plongée dans la mer, et sa fierté en est augmentée; j'entends la fierté de la mer; car pour la belle, elle en est fort humiliée.

Les coiffures *hurluberlu* m'ont fort diverti; il y en a que

[1] Le comte, puis duc du Lude, grand-maître de l'artillerie.
[2] M. de Ventadour état non-seulement laid et contrefait, mais encore très-débauché.

j'on voudrait souffleter. La Choiseul ressemblait, comme dit Ninon, à un *printemps d'hôtellerie* comme deux gouttes d'eau : cette comparaison est excellente. Bourdaloue fit, à ce qu'on m'a dit, une Passion plus parfaite que tout ce qu'on peut imaginer : c'était celle de l'année passée qu'il avait rajustée, selon ce que ses amis lui avaient conseillé, afin qu'elle fût inimitable. Comment peut-on aimer Dieu, quand on n'entend jamais bien parler de lui ? Il vous faut des grâces plus particulières qu'aux autres. Nous entendîmes, l'autre jour l'abbé de Montmort ; je n'ai jamais ouï un si beau jeune sermon ; je vous en souhaiterais autant à la place de votre minime. Il fit le signe de la croix, il dit son texte ; il ne nous gronda point, il ne nous dit point d'injures ; il nous pria de ne point craindre la mort, puisqu'elle était le seul passage que nous eussions pour ressusciter avec Jésus-Christ. Nous le lui accordâmes, nous fûmes tous contents. Il n'a rien qui choque : il imite M. d'Agen sans le copier ; il est hardi, il est modeste, il est savant, il est dévot : enfin, j'en fus contente au dernier point,

Madame de Vauvineux vous rend mille grâces ; sa fille a été très-mal. Madame d'Arpajon vous embrasse mille fois, et surtout M. Le Camus vous adore ; et moi, ma chère enfant, que pensez-vous que je fasse ? Vous aimer, penser à vous, m'attendrir à tout moment plus que je ne voudrais, m'occuper de vos affaires, m'inquiéter de ce que vous pensez, sentir vos ennuis et vos peines, les vouloir souffrir pour vous, s'il était possible ; écumer votre cœur comme j'écumais votre chambre des fâcheux dont je la voyais remplie ; en un mot, comprendre vivement ce que c'est d'aimer quelqu'un plus que soi-même, voilà comme je suis : c'est une chose qu'on dit souvent en l'air ; on abuse de cette expression, moi, je la répète, et sans la profaner jamais, je la sens tout entière en moi, et cela est vrai.

A MADAME DE GRIGNAN.

A Paris, samedi 4 avril 1671.

Je vous mandai l'autre jour la coiffure de madame de Nevers, et dans quel excès la Martin avait poussé cette mode;
mais il y a une certaine médiocrité qui m'a charmée, et qu'il
faut vous apprendre, afin que vous ne vous amusiez plus à
faire cent petites boucles sur vos oreilles, qui sont défrisées en
un moment, qui siéent mal, et qui ne sont non plus à la mode
présentement que la coiffure de la reine Catherine de Médicis.
Je vis hier la comtesse de Sully et la comtesse de Guiche; leurs
têtes sont charmantes; je suis rendue, cette coiffure est faite
justement pour votre visage; vous serez comme un ange, et
cela est fait en un moment. Tout ce qui me fait de la peine, c'est
que cette mode, qui laisse la tête découverte, me fait craindre
pour les dents. Voici ce que *Trochanire* [1], qui vient de Saint-
Germain, et moi, nous allons vous faire entendre si nous pouvons. Imaginez-vous une tête partagée à la paysanne jusqu'à
deux doigts du bourrelet; on coupe les cheveux de chaque
côté, d'étage en étage, dont on fait deux grosses boucles ron-
des et négligées, qui ne viennent pas plus bas qu'un doigt au-
dessous de l'oreille, cela fait quelque chose de fort jeune et de
fort joli, et comme deux gros bouquets de cheveux de chaque
côté. Il ne faut pas couper les cheveux trop courts; car, comme
il faut les friser *naturellement*, les boucles, qui en emportent
beaucoup, ont attrapé plusieurs dames, dont l'exemple doit
faire trembler les autres. On met les rubans comme à l'ordinaire, et une grosse boucle nouée entre le bourrelet et la coiffure; quelquefois on la laisse traîner jusque sur la gorge. Je ne
sais si nous vous avons bien représenté cette mode; je ferai

[1] Madame de la Troche.

coiffer une poupée pour vous l'envoyer; et puis, au bout de
tout cela, je meurs de peur que vous ne vouliez point prendre
toute cette peine. Ce qui est vrai, c'est que la coiffure que fait
Montgobert n'est plus supportable. Du reste, consultez votre
paresse et vos dents; mais ne m'empêchez pas de souhaiter que
je puisse vous voir coiffée ici comme les autres. Je vous vois,
vous m'apparaissez, et cette coiffure est faite pour vous; mais
qu'elle est ridicule à certaines dames, dont l'âge ou la beauté
ne conviennent pas!

A MADAME DE GRIGNAN.

A Paris, dimanche 26 avril 1671.

Il est dimanche 26 avril; cette lettre ne partira que mercredi; mais ce n'est pas une lettre, c'est une relation que Moreuil vient de me faire, à votre intention, de ce qui s'est passé
à Chantilly touchant Vatel[1]. Je vous écrivis vendredi qu'il s'é-
tait poignardé; voici l'affaire en détail : Le roi arriva le jeudi
au soir; la promenade, la collation dans un lieu tapissé de
jonquilles, tout cela fut à souhait. On soupa, il y eut quelques
tables où le rôti manqua, à cause de plusieurs dîners à quoi
l'on ne s'était point attendu; cela saisit Vatel, il dit plusieurs
fois : Je suis perdu d'honneur; voici un affront que je ne sup-
porterai pas. Il dit à Gourville : La tête me tourne, il y a douze
nuits que je n'ai dormi; aidez-moi à donner des ordres; Gourville le soulagea en ce qu'il put. Le rôti, qui avait manqué,
non pas à la table du roi, mais aux vingt-cinquièmes, lui revenait toujours à l'esprit. Gourville le dit à M. le Prince. M. le
Prince alla jusque dans la chambre de Vatel et lui dit : « Vatel,
tout va bien; rien n'était si beau que le souper du roi. » Il ré-

---

[1] Maître d'hôtel du prince de Condé.

pondit : « Monseigneur, votre bonté m'achève; je sais que le
rôti a manqué à deux tables. — Point du tout, dit M. le Prince;
ne vous fâchez point : tout va bien. » Minuit vint, le feu d'arti-
fice ne réussit pas, il fut couvert d'un nuage; il coûtait seize
mille francs. A quatre heures du matin, Vatel s'en va partout,
il trouve tout endormi, il rencontre un petit pourvoyeur qui
lui apportait seulement deux charges de marée; il lui demande : « Est-ce là tout? — Oui, monsieur. » Il ne savait pas
que Vatel avait envoyé à tous les ports de mer. Vatel attend
quelque temps; les autres pourvoyeurs ne vinrent point; sa
tête s'échauffait, il crut qu'il n'aurait point d'autre marée; il
trouva Gourville, il lui dit : « Monsieur, je ne survivrai point à
cet affront-ci. » Gourville se moqua de lui. Vatel monte à sa
chambre, met son épée contre la porte, et se la passe au travers du cœur; mais ce ne fut qu'au troisième coup, car il s'en
donna deux qui n'étaient point mortels; il tombe mort. La
marée cependant arrive de tous côtés : on cherche Vatel pour
la distribuer, on va à sa chambre, on heurte, on enfonce la
porte, on le trouve noyé dans son sang; on court à M. le
Prince, qui fut au désespoir. M. le Duc pleura; c'était sur Vatel que tournait tout son voyage de Bourgogne. M. le Prince le
dit au roi fort tristement : on dit que c'était à force d'avoir de
l'honneur à sa manière; on le loua fort, on loua et l'on blâma
son courage. Le roi dit qu'il y avait cinq ans qu'il retardait de
venir à Chantilly, parce qu'il comprenait l'excès de cet embarras. Il dit à M. le Prince qu'il ne devait avoir que deux tables, et ne point se charger de tout; il jura qu'il ne souffrirait
plus que M. le Prince en usât ainsi; mais c'était trop tard pour le
pauvre Vatel. Cependant Gourville tâcha de réparer la perte de
Vatel; elle fut réparée : on dîna très-bien, on fit collation, on
soupa, on se promena, on joua, on fut à la chasse; tout était

parfumé de jonquilles, tout était enchanté. Hier, qui était samedi, on fit encore de même, et le soir le roi alla à Liancourt, où il avait commandé *media noche;* il y doit demeurer aujourd'hui. Voilà ce que Moreuil m'a dit, espérant que je vous le manderais. Je jette mon bonnet par-dessus les moulins, et je ne sais rien du reste. M. d'Hacqueville, qui était à tout cela, vous fera des relations sans doute; mais, comme son écriture n'est pas si lisible que la mienne, j'écris toujours; et, si je vous mande cette infinité de détails, c'est que je les aimerais en pareille occasion.

A MADAME DE GRIGNAN.

A Livry, mercredi 29 avril 1671.

Depuis que j'ai écrit ce commencement de lettre, j'ai fait un fort joli voyage. Je partis hier assez matin de Paris; j'allai dîner à Pompone; j'y trouvai notre bonhomme[1] qui m'attendait; je n'aurais pas voulu manquer à lui dire adieu. Je le trouvai dans une augmentation de sainteté qui m'étonna : plus il approche de la mort, plus il s'épure. Il me gronda très-sérieusement; et, transporté de zèle et d'amitié pour moi, il me dit que j'étais folle de ne point songer à me convertir; que j'étais une jolie païenne; que je faisais de vous une idole dans mon cœur; que cette sorte d'idolâtrie était aussi dangereuse qu'une autre, quoiqu'elle me parût moins criminelle; qu'enfin je songeasse à moi : il me dit tout cela si fortement, que je n'avais pas le mot à dire. Enfin, après six heures de conversation très-agréable, quoique très-sérieuse, je le quittai, et vins ici, où je trouvai tout le triomphe du mois de mai : le rossignol, le coucou, la fauvette, ont ouvert le printemps dans nos

---

[1] M. Arnauld d'Andilly, âgé alors de quatre-vingt-trois ans.

fôrêts ; je m'y suis promenée tout le soir toute seule ; j'y ai
trouvé toutes mes tristes pensées : mais je ne veux plus vous
en parler. J'ai destiné une partie de cette après-dînée à vous
écrire dans le jardin, où je suis étourdie de trois ou quatre
rossignols qui sont sur ma tête. Ce soir je m'en retourne à Paris, pour faire mon paquet et vous l'envoyer.

Il est vrai, ma fille, qu'il manqua un degré de chaleur à mon
amitié, quand je rencontrai la chaîne des galériens ; je devais
aller avec eux, au lieu de ne songer qu'à vous écrire. Que vous
eussiez été agréablement surprise à Marseille, de me trouver
en si bonne compagnie ! Mais vous y allez donc en litière ?
quelle fantaisie ! J'ai vu que vous n'aimiez les litières que quand
elles étaient arrêtées : vous êtes bien changée. Je suis entièrement du parti des médisants : tout l'honneur que je vous puis
faire, c'est de croire que jamais vous ne vous seriez servie de
cette voiture, si vous ne m'aviez point quittée, et que M. de
Grignan fût resté dans sa Provence. Madame de La Fayette
craint toujours pour votre vie : elle vous cède sans difficulté la
première place auprès de moi, à cause de vos perfections ; et
quand elle est douce, elle dit que ce n'est pas sans peine ;
mais enfin cela est réglé et approuvé : cette justice la rend
digne de la seconde, elle l'a aussi ; la Troche s'en meurt. Je vais
toujours mon train, et mon train aussi pour la Bretagne ; il est
vrai que nous ferons des vies bien différentes : je serai troublée
dans la mienne par les états, qui me viendront tourmenter à
Vitré sur la fin du mois de juillet ; cela me déplaît fort. Votre
frère n'y sera plus en ce temps-là. Ma fille, vous souhaitez que
le temps marche, pour nous revoir ; vous ne savez ce que vous
faites, vous y serez attrapée : il vous obéira trop exactement,
et quand vous voudrez le retenir, vous n'en serez plus la maîtresse. J'ai fait autrefois les mêmes fautes que vous, je m'en

suis repentie, et, quoique le temps ne m'ait pas fait tout le mal
qu'il fait aux autres, il ne laisse pas de m'avoir ôté mille petits
agréments, qui ne laissent que trop de marques de son passage. Vous trouvez donc que vos comédiens ont bien de l'esprit de dire des vers de Corneille. En vérité, il y en a de bien
transportants; j'en ai apporté ici un tome qui m'amusa fort hier
au soir. Mais n'avez-vous point trouvé jolies les cinq ou six fa-
bles de La Fontaine, qui sont dans un des tomes que je vous ai
envoyés? Nous en étions ravis l'autre jour chez M. de La Ro-
chefoucault; nous apprîmes par cœur celle *du Singe et du
Chat.*

> D'animaux malfaisants c'était un très-bon plat.
> Ils n'y craignaient tous deux aucun, tel qu'il pût être.
> Trouvait-on quelque chose au logis de gâté,
> L'on ne s'en prenait point aux gens du voisinage.
> Bertrand dérobait tout; Raton, de son côté,
> Était moins attentif aux souris qu'au fromage.

Et le reste. Cela est peint; et la *Citrouille*, et le *Rossignol*,
cela est digne du premier tome. Je suis bien folle de vous
écrire de telles bagatelles, c'est le loisir de Livry qui vous tue.
Depuis que j'ai donné à ma petite une nourrice comme celle
du temps de François Ier, je crois que vous devez honorer
tous mes conseils. Pensez-vous que je n'aille point vous voir
cette année? J'avais rangé tout cela d'une autre façon, et même
pour l'amour de vous; mais votre litière me dérange tout : le
moyen de ne pas courir cette année, si vous le souhaitez un
peu? Hélas! c'est bien moi qui dois dire qu'il n'y a plus de
pays fixe pour moi, que celui où vous êtes. Votre portrait
triomphe sur ma cheminée; vous êtes adorée maintenant en
Provence, et à Paris, et à la Cour, et à Livry; enfin, ma fille,
il faut bien que vous soyez ingrate : le moyen de rendre tout
cela? Je vous embrasse et vous aime, et vous le dirai toujours,

parce que c'est toujours la même chose. J'embrasserais ce fripon de Grignan, si je n'étais fâchée contre lui.

Maître Paul[1] mourut il y a huit jours ; notre jardin en est **tout** triste.

A MADAME DE GRIGNAN.

Aux Rochers, dimanche 21 juin 1671.

Enfin, ma fille, je respire à mon aise, je fais un soupir comme M. de La Souche[2] : mon cœur est soulagé d'une presse qui ne me donnait aucun repos ; j'ai été deux ordinaires sans recevoir de vos lettres, et j'étais si fort en peine de votre santé, que j'étais réduite à souhaiter que vous eussiez écrit à tout le monde, hormis à moi. Je m'accommodais mieux d'avoir été un peu retardée dans votre souvenir, que de porter l'épouvantable inquiétude que j'avais de votre santé ; mais, mon Dieu ! je me repens de vous avoir écrit mes douleurs ; elles vous donneront de la peine quand je n'en aurai plus ; voilà le malheur d'être éloignées : hélas ! il n'est pas le seul.

Vous me mandez des choses admirables de vos cérémonies de la Fête-Dieu ; elles sont tellement profanes, que je ne comprends pas comme votre saint archevêque les veut souffrir : il est vrai qu'il est Italien, et que cette mode vient de son pays. Enfin, ma fille, vous êtes belle ; quoi ! vous n'êtes point pâle, maigre, abattue comme la princesse Olympie[3] ! ah ! je suis trop heureuse. Au nom de Dieu, amusez-vous, appliquez-vous à vous bien conserver ; je vous remercie de vous habiller : cette négligence que nous vous avons tant reprochée était d'une honnête femme ; votre mari peut vous en remercier ;

[1] Jardinier des Rochers.
[2] Personnage d'une comédie de Molière.
[3] Allusion à une héroïne de l'Arioste.

mais elle était bien ennuyeuse pour les spectateurs. Vous aurez, ma chère bonne, quelque peine à rallonger les jupes courtes; nos demoiselles de Vitré, dont l'une s'appelle de Bonnefoi-de-Croqueoison, et l'autre de Kerborgne, les portent au-dessus de la cheville du pied. J'appelle la Plessis mademoiselle de Kerlouche; ces noms me réjouissent. Nous avons ici des pluies continuelles; et, au lieu de dire : Après la pluie vient le beau temps, nous disons : Après la pluie vient la pluie. Tous nos ouvriers ont été dispersés ; et au lieu de m'adresser votre lettre au pied d'un arbre, vous auriez pu l'adresser au coin du feu. Nous avons eu depuis mon arrivée beaucoup d'affaires ; nous ne savons encore si nous fuirons les états, ou si nous les affronterons. Ce qui est certain, et dont je crois que vous ne douterez pas, c'est que nous sommes bien loin de vous oublier ; nous en parlons très-souvent; mais, quoique j'en parle beaucoup, j'y pense encore davantage, et jour et nuit, et quand il semble que je n'y pense plus, et enfin comme on devrait penser à Dieu, si on était véritablement touché de son amour; j'y pense, en un mot, d'autant plus que très-souvent je ne veux pas parler de vous : il y a des excès qu'il faut corriger, et pour être polie, et pour être politique ; il me souvient encore comme il faut vivre pour n'être pas pesante : je me sers de mes vieilles leçons.

Nous lisons fort ici; la Mousse m'a priée qu'il pût lire le Tasse avec moi : je le sais fort bien, parce que j'ai très-bien appris l'italien; cela me divertit : son latin et son bon sens le rendent un bon écolier; et ma routine et les bons maîtres que j'ai eus me rendent une bonne maîtresse. Mon fils nous lit des bagatelles, des comédies qu'il joue comme Molière, des vers, des romans, des histoires; il est fort amusant, il a de l'esprit, il entend bien, il nous entraine, il nous a empê-

chés de prendre aucune lecture sérieuse, comme nous en
avions le dessein : quand il sera parti, nous reprendrons quelque belle morale de Nicole ; mais surtout il faut tâcher de passer
sa vie avec un peu de joie et de repos ; et le moyen, quand on est à
cent mille lieues de vous ? Vous dites fort bien, on se parle et on
se voit au travers d'un gros crêpe. Vous connaissez les Rochers,
et votre imagination sait un peu où me prendre ; pour moi, je
ne sais où j'en suis ; je me suis fait une Provence, une maison
à Aix peut-être plus belle que celle que vous avez ; je vous y
trouve. Pour Grignan, je le vois aussi ; mais vous n'avez point
d'arbres, cela me fâche : je ne vois pas bien où vous vous pro-
menez ; j'ai peur que le vent ne vous emporte sur votre terrasse : si je croyais qu'il pût vous apporter ici par un tourbillon, je tiendrais toujours mes fenêtres ouvertes, et je vous
recevrais, Dieu sait ! Voilà une folie que je pousserais loin.
Mais je reviens, et je trouve que le château de Grignan est
parfaitement beau ; il sent bien les anciens Adhémars. Je suis
ravie de voir comme le bon abbé vous aime ; son cœur est pour
vous comme si je l'avais pétri de mes propres mains ; cela
fait justement que je l'adore. Votre fille est plaisante ; elle n'a
pas osé aspirer à la perfection du nez de sa mère, elle n'a pas
voulu aussi... je n'en dirai pas davantage ; elle a pris un troisième parti, et s'est avisée d'avoir un petit nez carré[1] : mon
enfant, n'en êtes-vous point fâchée ? Mais pour cette fois vous
ne devez pas avoir cette idée ; mirez-vous, c'est tout ce que
vous devez faire pour finir heureusement ce que vous com-
mencez si bien. Adieu, ma très-aimable enfant ; embrassez
M. de Grignan pour moi. Vous lui pouvez dire les bontés de
notre abbé.

[1] Comme celui de madame de Sévigné.

A MADAME DE GRIGNAN.

Aux Rochers, dimanche 28 juin 1671.

Je reviens encore à vous, c'est-à-dire à cette divine fontaine
de Vaucluse : quelle beauté ! Pétrarque avait bien raison d'en
parler souvent. Mais songez que je verrai toutes ces merveilles :
moi, qui honore les antiquités, j'en serai ravie, et de toutes les
magnificences de Grignan. L'abbé aura bien des affaires : après
les ordres doriques et les titres de votre maison, il n'y a rien
à souhaiter que l'ordre que vous y allez mettre; car, sans un
peu de subsistance, tout est dur, tout est amer. Ceux qui se
ruinent me font pitié : c'est la seule affliction dans la vie qui
se fasse toujours sentir également, et que le temps augmente
au lieu de la diminuer. J'ai souvent des conversations sur ce
sujet avec un de nos petits amis; s'il veut profiter de toutes
celles que nous avons faites, il en a pour longtemps, et sur
toutes sortes de chapitres, et d'une manière si peu ennuyeuse,
qu'il ne devrait pas les oublier. Je suis aise que vous ayez cet
automne une couple de beaux-frères; je trouve que votre
journée est fort bien réglée : on va loin sans mourir d'ennui,
pourvu qu'on se donne des occupations et qu'on ne perde
point courage. Le beau temps a remis tous mes ouvriers en
campagne, cela me divertit : quand j'ai du monde, je travaille
à ce beau parement d'autel que vous m'avez vue traîner à Paris; quand je suis seule, je lis, j'écris, je suis en affaires dans le
cabinet de notre abbé; je vous le souhaite quelquefois pour
deux ou trois jours seulement.

Je consens au commerce de bel esprit que vous me proposez. Je fis l'autre jour une maxime tout de suite sans y penser,
et je la trouvai si bonne, que je crus l'avoir retenue par cœur
de celles de M. de La Rochefoucauld : je vous prie de me le

dire; en ce ca_, il faudrait louer ma mémoire plus que mon jugement. Je disais, comme si je n'eusse rien dit, que l'*ingratitude attire les reproches, comme la reconnaissance attire de nouveaux bienfaits.* Dites-moi donc ce que c'est que cela? l'ai-je lu? l'ai-je rêvé? l'ai-je imaginé? Rien n'est plus vrai que la chose, et rien n'est plus vrai aussi que je ne sais où je l'ai prise, et que je l'ai trouvée toute rangée dans ma tête et au bout de ma langue. Pour la sentence de *Bella cosa, far niente,* vous ne la trouverez plus si fade quand vous saurez qu'elle est dite pour votre frère; songez à sa déroute de cet hiver. Adieu, ma très-aimable enfant; conservez-vous, soyez belle, habillez-vous, amusez-vous, promenez-vous. Je viens d'écrire à Vivonne [1] pour un capitaine bohême, afin qu'il lui relâche un peu ses fers, pourvu que cela ne soit point contre le service du roi. Il y avait parmi nos *Bohêmes,* dont je vous parlais l'autre jour, une jeune fille qui danse très-bien, et qui me fit extrêmement souvenir de votre danse. Je la pris en amitié; elle me pria d'écrire en Provence pour son grand-père, *qui est à Marseille.* Et où est-il, votre grand-père? *Il est à Marseille,* d'un ton doux, comme si elle disait : *Il est à Vincennes.* C'était un capitaine bohême d'un mérite singulier [2]; de sorte que je lui promis d'écrire, et je me suis avisée tout d'un coup d'écrire à Vivonne : voilà ma lettre; si vous n'êtes pas en état que je puisse rire avec lui, vous la brûlerez; si vous la trouvez mauvaise, vous la brûlerez encore; si ma lettre vous en épargne une autre, vous la ferez cacheter, et vous la lui ferez tenir. Je n'ai pu refuser cette prière au ton de la petite fille, et au menuet le mieux dansé que j'aie vu depuis ceux de mademoiselle de Sévigné; c'est votre même air; elle est de votre taille, elle a de

---

[1] M. de Vivonne était général des galères
[2] Il était alors forçat des galères.

belles dents et de beaux yeux. Je vous embrasse très-tendre-
ment.

A MADAME DE GRIGNAN.

Aux Rochers, mercredi 1er juillet 1671

Voilà donc le mois de juin passé; j'en suis tout étonnée, je
ne pensais pas qu'il dût jamais finir. Ne vous souvient-il pas
d'un certain mois de septembre que vous trouviez qui ne prenait point le chemin de faire jamais place au mois d'octobre?
Celui-ci prenait le même train; mais je vois bien maintenant
que tout finit : m'en voilà persuadée.

C'est une aimable demeure que Fouesnel; nous y fûmes hier,
mon fils et moi, dans une calèche à six chevaux; il n'y a rien
de plus joli, il semble qu'on vole : nous fîmes des chansons
que nous vous envoyons; le cas que nous faisons de votre
prose ne nous empêche point de vous faire part de nos vers.

Voilà mademoiselle du Plessis qui entre; elle me plante ce
baiser que vous connaissez, et me presse de lui montrer l'endroit de vos lettres où vous parlez d'elle. Mon fils a eu l'inso-
lence de lui dire devant moi que vous vous souveniez d'elle
fort agréablement, et me dit ensuite : Montrez-lui l'endroit,
madame, afin qu'elle n'en doute pas. Me voilà rouge comme
vous, quand vous pensez aux péchés des autres; je suis contrainte de mentir mille fois, et de dire que j'ai brûlé votre lettre. Voilà les malices de ce guidon [1]. En récompense, je l'assurai l'autre jour que si vous répondiez au-dessus de la *reine
d'Aragon*, vous ne mettriez pas *à Guidon le Sauvage*. J'ai reçu
une lettre de Guitaut fort douce et fort honnête : il me mande
qu'il a trouvé en moi depuis quelque temps mille bonnes choses, à quoi il n'avait pas pensé; et moi, de peur de lui répondre

---

[1] M. de Sévigné était guidon des gendarmes Dauphin.

sottement que je *crains bien de détruire son opinion*, je lui dis que j'espère qu'il m'aimera encore davantage, quand il me connaîtra mieux; je réponds toutes les extravagances qui se présentent à moi, plutôt que ces selles à tous chevaux dont nous avons tant ri ici. Je suis persuadée que vous vous aiderez fort bien de madame de Simiane : il faut ôter l'air et le ton de compagnie le plus tôt que l'on peut, et faire entrer les gens dans nos plaisirs et dans nos fantaisies; sans cela il faut mourir, et c'est mourir d'une vilaine épée. Je l'ai juré, ma fille, je vais finir; je me fais une extrême violence pour vous quitter; notre commerce fait l'unique plaisir de ma vie; je suis persuadée que vous le croyez. Je vous embrasse, ma chère petite, et je baise vos belles joues.

A MADAME DE GRIGNAN.

Aux Rochers, mercredi 15 juillet 1671.

Si je vous écrivais toutes mes rêveries sur votre sujet, je vous écrirais toujours les plus grandes lettres du monde; mais cela n'est pas bien aisé : ainsi je me contente de ce qui peut s'écrire, et je rêve tout ce qui peut se rêver : j'en ai le temps et le lieu. La Mousse a une petite fluxion sur les dents, et l'abbé a une petite fluxion sur le genou, qui me laissent le champ libre dans mon mail, pour y faire tout ce qui me plaît. Il me plaît de m'y promener le soir jusqu'à huit heures : mon fils n'y est plus; cela fait un silence, une tranquillité et une solitude que je ne crois pas qu'il soit aisé de rencontrer ailleurs. Je ne vous dis point à qui je pense, ni avec quelle tendresse : quand on devine, il n'est pas besoin de parler. Si l'*hippogryphe* était encore au monde, ce serait une chose galante, et à ne jamais oublier, que d'avoir la hardiesse de monter dessus pour me venir voir quelquefois : ce ne serait pas une affaire; il parcourait la terre en deux jours! Vous pourriez même quelquefois venir dîner ici et retourner souper avec M. de Grignan, ou souper ici à cause de la promenade, où je serais bien aise de vous avoir, et, le lendemain, vous arriveriez assez tôt pour être à la messe dans votre tribune.

Mon fils est à Paris; il y sera peu : la Cour est de retour, il ne faut pas qu'il se montre. C'est une perte qui me paraît bien considérable que celle de M. le duc d'Anjou[1]. Madame de Villars m'écrit assez souvent et me parle toujours de vous : elle est tendre et sait bien aimer; cela me donne de l'amitié pour elle; elle me prie de vous dire mille discours de sa part. La petite Saint-Gérand m'écrit des pieds de mouche que je ne saurais lire; je lui réponds des rudesses et des injures qui la divertissent : cette méchante plaisanterie n'est point encore usée; quand elle le sera, je ne dirai plus rien, car je m'ennuierais fort d'un autre style avec elle.

Nous lisons toujours le Tasse avec plaisir : je suis assurée que vous le souffririez, si vous étiez en tiers : il y a une grande différence entre lire un livre toute seule ou avec des gens qui relèvent les beaux endroits et qui réveillent l'attention. Cette *Morale* de Nicole est admirable, et *Cléopâtre*[2] va son train, mais sans empressement et aux heures perdues : c'est ordinairement sur cette lecture que je m'endors; le caractère m'en plaît beaucoup plus que le style. Pour les sentiments, j'avoue qu'ils me plaisent et qu'ils sont d'une perfection qui remplit mon idée sur la belle âme. Vous savez aussi que je ne hais pas les grands coups d'épée, tellement que voilà qui est bien, pourvu que l'on m'en garde le secret.

Mademoiselle du Plessis nous honore souvent de sa pré-

---

[1] Philippe, second fils de Louis XIV, mort le 10 juillet 1671.
[2] Roman de la Calprenède.

sence : elle disait hier à table qu'en basse Bretagne on faisait une chère admirable, et qu'aux noces de sa belle-sœur on avait mangé pour un jour douze cents pièces de rôti : nous demeurâmes tous comme des gens de pierre. Je pris courage et lui dis : Mademoiselle, pensez-y bien : n'est-ce point douze pièces de rôti que vous voulez dire? on se trompe quelquefois. Non, madame, c'est douze cents pièces ou onze cents : je ne veux pas vous assurer si c'est onze ou douze, de peur de mentir; mais enfin je sais bien que c'est l'un ou l'autre. Et le répéta vingt fois, et n'en voulut jamais rabattre un seul poulet. Nous trouvâmes qu'il fallait qu'ils fussent pour le moins trois cents piqueurs, pour piquer menu, et que le lieu fût un grand pré où l'on eût fait dresser des tentes; et que s'ils n'eussent été que cinquante, il fallait qu'ils eussent commencé un mois auparavant. Ce propos de table était bon; vous en auriez été contente. N'avez-vous point quelque exagéreuse comme celle-là ?

Au reste, ma fille, cette montre que vous m'avez donnée, qui allait toujours trop tôt ou trop tard d'une heure ou deux, est devenue si parfaitement juste qu'elle ne quitte pas d'un moment notre pendule; j'en suis ravie, et vous en remercie sur nouveaux frais; en un mot, je suis tout à vous. L'abbé me dit qu'il vous adore, et qu'il veut vous rendre quelque service : il ne voit pas bien en quelle occasion, mais enfin il vous aime autant qu'il m'aime.

A M. DE COULANGES

Aux Rochers, le 22 juillet 1671.

Ce mot sur la semaine est par-dessus le marché de vous écrire seulement tous les quinze jours, et pour vous donner

¹ Du vivant même de madame de Sévigné, ses lettres étaient admirées

avis, mon cher cousin, que vous aurez bientôt l honneur de
voir *Picard ;* et comme il est frère du laquais de madame de
Coulanges, je suis bien aise de vous rendre compte de mon
procédé. Vous savez que madame la duchesse de Chaulnes est
à Vitré ; elle y attend le duc, son mari, dans dix ou douze
jours, avec les états de Bretagne : vous croyez que j'extravague ;
elle attend donc son mari avec tous les états, et en attendant,
elle est à Vitré toute seule, mourant d'ennui. Vous ne comprenez pas que cela puisse jamais revenir à Picard. Elle meurt
donc d'ennui ; je suis sa seule consolation, et vous croyez bien
que je l'emporte d'une grande hauteur sur mademoiselle de
Kerbonne et de Kerqueoison. Voici un grand circuit, mais
pourtant nous arriverons au but. Comme je suis donc sa seule
consolation, après l'avoir été voir, elle viendra ici, et je veux
qu'elle trouve mon parterre net et mes allées nettes, ces grandes allées que vous aimez. Vous ne comprenez encore où
cela peut aller ; voici une autre petite proposition incidente :
vous savez qu'on fait les foins ; je n'avais point d'ouvriers ;
j'envoie dans cette prairie, que les poëtes ont célébrée, prendre tous ceux qui travaillaient, pour venir nettoyer ici ; vous n'y
voyez encore goutte ; et en leur place, j'envoie mes gens faner.
Savez-vous ce que c'est, faner ? Il faut que je vous l'explique :
faner est la plus jolie chose du monde, c'est retourner du foin
en batifolant dans une prairie ; dès qu'on en sait tant, on sait
faner. Tous mes gens y allèrent gaiement ; le seul Picard me
vint dire qu'il n'irait pas, qu'il n'était pas entré à mon service
pour cela, que ce n'était pas son métier, et qu'il aimait mieux
s'en aller à Paris. Ma foi, la colère m'a monté à la tête ; je
songeai que c'était la centième sottise qu'il m'avait faite ; qu'il

du grand monde. Celle-ci, connue sous le nom de lettre de *la Prairie*, fut
lue avec empressement.

n'avait ni cœur ni affection ; en un mot, la mesure était comble. Je l'ai pris au mot, et, quoi qu'on m'ait pu dire pour lui, je suis demeurée ferme comme un rocher, et il est parti. C'est une justice de traiter les gens selon leurs bons ou mauvais services. Si vous le revoyez, ne le recevez point, ne le protégez point, ne me blâmez point, et songez que c'est le garçon du monde qui aime le moins à faner, et qui est le plus indigne qu'on le traite bien.

Voilà l'histoire en peu de mots ; pour moi, j'aime les relations où l'on ne dit que ce qui est nécessaire, où l'on ne s'écarte point ni à droite ni à gauche ; où l'on ne reprend point les choses de si loin ; enfin je crois que c'est ici, sans vanité, le modèle des narrations agréables.

A MADAME DE GRIGNAN.

Aux Rochers, dimanche 26 juillet 1671.

Je veux vous apprendre qu'hier, comme j'étais toute seule dans ma chambre avec un livre *précieusement*[1] à la main, je vois ouvrir ma porte par une grande femme de très-bonne mine ; cette femme s'étouffait de rire, et cachait derrière elle un homme qui riait encore plus fort qu'elle : cet homme était suivi d'une femme fort bien faite, qui riait aussi ; moi, je me mis à rire sans les reconnaître, et sans savoir ce qui les faisait rire. Quoique j'attendisse aujourd'hui madame de Chaulnes, qui doit passer deux jours ici, j'avais beau la regarder, je ne pouvais comprendre que ce fût elle : c'était elle pourtant, qui m'amenait Pomenars, qui, en arrivant à Vitré, lui avait mis dans la tête de venir me surprendre. La *Murinette* beauté était de la partie, et la gaieté de Pomenars était si extrême,

[1] Avant la comédie des *Précieuses ridicules*, le mot *précieuse* se prenait dans un sens favorable.

qu'il aurait réjoui la tristesse même : ils jouèrent a abord au volant ; madame de Chaulnes y joue comme vous ; et puis une légère collation, et puis nos belles promenades, et partout il a été question de vous. J'ai dit à Pomenars que vous étiez fort en peine de toutes ses affaires, et que vous m'aviez mandé que, pourvu qu'il n'y eût que le courant, vous ne seriez point en inquiétude ; mais que tant de nouvelles injustices qu'on lui faisait vous donnaient beaucoup de chagrin pour lui : nous avons fort poussé cette plaisanterie, et puis cette grande allée nous a fait souvenir de la chute que vous y fîtes un jour ; la pensée m'en a fait venir rouge comme du feu. On a parlé longtemps là-dessus, et puis du dialogue bohême, et puis enfin de mademoiselle du Plessis, et des sottises qu'elle disait, et qu'un jour vous en ayant dit une, et son vilain visage se trouvant auprès du vôtre, vous n'aviez pas marchandé, et lui aviez donné un soufflet pour la faire reculer ; et que moi, pour adoucir les affaires, j'avais dit : Mais voyez comme ces petites filles se jouent rudement ; et que j'avais dit à sa mère : Madame, ces jeunes créatures étaient si folles ce matin, qu'elles se battaient : mademoiselle du Plessis agaçait ma fille, ma fille la battait ; c'était la plus plaisante chose du monde ; et qu'avec ce tour, j'avais ravi madame du Plessis de voir nos petites filles se réjouir ainsi. Cette *camaraderie* de vous et de mademoiselle du Plessis, dont je ne faisais qu'une même chose pour faire avaler le soufflet, les a fait rire à mourir. La *Murinette* vous approuve fort, et je jure que la première fois qu'elle viendra lui parler dans le nez, comme elle fait toujours, elle vous imitera, et lui donnera sur sa vilaine joue. Je les attends tous présentement : Pomenars tiendra bien sa place ; mademoiselle du Plessis viendra aussi ; ils me montreront une lettre de Paris faite à plaisir, où l'on mandera cinq ou six soufflets donnés entre

4

femmes, afin d'autoriser ceux qu'on veut lui donner aux états,
et même de les lui faire souhaiter pour être à la mode. Enfin
je n'ai jamais vu un homme si fou que Pomenars : sa gaieté
augmente en même temps que ses affaires criminelles ; s'il lui
en vient encore une, il en mourra de joie. Je suis chargée de
mille compliments pour vous ; nous vous avons célébrée à
tout moment. Madame de Chaulnes dit qu'elle vous souhaiterait
une madame de Sévigné en Provence, comme celle qu'elle a
trouvée en Bretagne ; c'est cela qui rend son gouvernement
beau ; car quelle autre chose pourrait-ce être? Quand son
mari sera venu, je la mettrai entre ses mains, et ne m'embar-
rasserai plus de son divertissement.

Je vous ai mandé que je croyais que je ne bougerais d'ici ou
de Vitré. Notre abbé ne peut quitter sa chapelle : le désert de
Buron, ou l'ennui de Nantes avec madame de Molac, ne conviennent point à son humeur agissante. Je serai souvent ici ; et
madame de Chaulnes, pour m'ôter les visites, dira toujours
qu'elle m'attend. Pour mon labyrinthe, il est net, il a des tapis
verts, et les palissades sont à hauteur d'appui ; c'est un aimable
lieu : mais, hélas ! ma chère enfant, il n'y a guère d'apparence
que je vous y voie jamais.

Di memoria nudrirsi, più che di speme,

c'est bien ma vraie devise. Nos sentences ont été trouvées
jolies. Ne comprenez-vous pas bien qu'il n'y a jour, ni heure,
ni moment, que je ne pense à vous, que je n'en parle quand je
puis, et qu'il n'y a rien qui ne m'en fasse souvenir? Nous
sommes sur la fin du Tasse, *e Goffredo ha spiegato il gran ves-
sillo della croce sopra il muro.* Nous avons lu ce poëme avec
plaisir. La Mousse est bien content de moi, et de vous encore
plus, quand il songe à l'honneur que vous faites à sa philoso-

phie. Je crois que vous n auriez pas eu moins d'esprit quand
vous auriez eu la plus sotte mère du monde : mais enfin tout
ensemble n'a pas mal fait. Nous avons envie de lire Guichar-
din, car nous ne voulons point quitter l'italien ; la *Murinette* le
parle comme le français. J'ai reçu une lettre de notre cardinal de Retz, qui me dit encore pis que pendre du gros
abbé qui est avec lui. Adieu, ma très-aimable ; je ne daigne
pas vous dire que je vous aime, vous le savez, et je ne trouve
point de paroles qui puissent vous faire comprendre comme
mon cœur est pour vous. J'achèverai demain cette lettre, et
vous manderai à quoi se divertit ma compagnie.

Ma petite est aimable, et sa nourrice est au point de la perfection : mon habileté est une espèce de miracle, et me fait
comprendre en amitié la merveille de ce maréchal qui devint
excellent peintre par amour.

A MADAME DE GRIGNAN.

A Vitré, mercredi 12 août 1671.

Enfin, ma chère fille, me voilà en pleins états ; sans cela les
états seraient en pleins Rochers. Dimanche dernier, aussitôt
que j'eus cacheté mes lettres, je vis entrer quatre carrosses à
six chevaux dans ma cour, avec cinquante gardes à cheval,
plusieurs chevaux de main et plusieurs pages à cheval. C'était
M. de Chaulnes, M. de Rohan, M. de Lavardin, MM. de Coëtlogon, de Locmaria, les barons de Guais, les évêques de Rennes,
de Saint-Malo, les MM. d'Argouges, et huit ou dix que je ne
connais point ; j'oublie M. d'Harouïs, qui ne vaut pas la peine
d'être nommé. Je reçois tout cela : on dit et on répondit beaucoup de choses. Enfin, après une promenade dont ils furent
fort contents, une collation très-bonne et très-galante sortit
d'un des bouts du mail, et surtout du vin de Bourgogne qui

passa comme de l'eau de Forges ; on fut persuadé que cela s'était fait avec un coup de baguette. M. de Chaulnes me pria instamment d'aller à Vitré. J'y vins donc lundi au soir ; madame de Chaulnes me donna à souper, avec la comédie du *Tartuffe*, point trop mal jouée, et un bal où le passe-pied et le menuet pensèrent me faire pleurer : cela me fait souvenir de vous si vivement, que je n'y puis résister ; il faut promptement que je me dissipe. On me parle de vous très-souvent, et je ne cherche point longtemps mes réponses, car j'y pense à l'instant même, et je crois toujours que c'est qu'on voit mes pensées au travers de mon corps de jupe. Hier, je reçus toute la Bretagne à ma tour de Sévigné : je fus encore à la comédie ; c'était *Andromaque*, qui me fit pleurer plus de six larmes : c'est assez pour une troupe de campagne. Le soir, on soupa, et puis le bal. Je voudrais que vous eussiez vu l'air de M. de Locmaria, et de quelle manière il ôte et remet son chapeau : quelle légèreté ! quelle justesse ! Il peut défier tous les courtisans, et les confondre, sur ma parole : il a soixante mille livres de rente, et sort de l'académie ; il ressemble à tout ce qu'il y a de plus joli, et voudrait bien vous épouser. Au reste, ne croyez pas que votre santé ne soit point bue ici ; cette obligation n'est pas grande, mais, telle qu'elle est, vous l'avez tous les jours à toute la Bretagne : on commence par moi, et puis madame de Grignan vient tout naturellement. M. de Chaulnes vous fait mille compliments.

Vous voilà bien instruite, Dieu merci, de votre bon pays : mais je n'ai point de vos lettres, et par conséquent point de réponse à vous faire ; ainsi je vous parle tout naturellement de ce que je vois et de ce que j'entends. Pomenars est divin : il n'y a point d'homme à qui je souhaite plus volontiers deux têtes ; jamais la sienne n'ira jusqu'au bout. Pour moi, ma fille,

je voudrais déjà être au bout de la semaine, afin de quitter
généreusement tous les honneurs de ce monde, et de jouir de
moi-même aux Rochers. Adieu, ma très-chère, j'attends toujours vos lettres avec impatience ; votre santé est un point qui
me touche de bien près : je crois que vous en êtes persuadée,
et que, sans donner dans *la justice de croire*, je puis finir ma
lettre, et dormir en repos sur ce que vous pensez de mon amitié pour vous. Ne direz-vous point à M. de Grignan que je l'embrasse de tout mon cœur ?

A MADAME DE GRIGNAN.

Aux Rochers, mercredi 19 août 1671.

Vous me dites fort plaisamment l'état où vous met mon papier parfumé : ceux qui vous voient lire mes lettres croient
que je vous apprends que je suis morte, et ne se figurent point
que ce soit une moindre nouvelle. Il s'en faut peu que je ne
me corrige de la manière que vous l'avez imaginé ; j'irai toujours dans les excès pour ce qui sera bon, et qui dépendra de
moi. J'avais déjà pensé que mon papier pourrait vous faire
mal, mais ce n'était qu'au mois de novembre que j'avais résolu
d'en changer ; je commence dès aujourd'hui, et vous n'avez
plus à vous défendre que de la puanteur.

Vous avez une assez bonne quantité de Grignans : Dieu vous
délivre de la tante ! elle m'incommode d'ici. Les manches du
chevalier font un bel effet à table : quoiqu'elles entraînent
tout, je doute qu'elles m'entraînent aussi ; quelque faiblesse
que j'aie pour les modes, j'ai une grande aversion pour cette
saleté. Il y aurait de quoi en faire une belle provision à Vitré ;
je n'ai jamais vu une si grande chère ; nulle table à la Cour ne
peut être comparée à la moindre des douze ou quinze qui y
sont ; aussi est-ce pour nourrir trois cents personnes qui n'ont

que cette ressource pour manger. Je partis lundi de cette
bonne ville, après avoir fait vos compliments à madame de
Chaulnes et à mademoiselle de Murinais, qui a quelque chose
dans l'esprit et dans l'humeur qui vous serait très-agréable ;
on ne peut jamais ni mieux les recevoir ni mieux les rendre.
Le roi a écrit de sa propre main des bontés infinies pour sa
bonne province de Bretagne : le gouverneur a lu la lettre aux
états, et la copie en a été enregistrée : il s'est élevé jusqu'au
ciel un cri de *vive le roi!* et tout de suite on s'est mis à boire,
mais boire, Dieu sait. M. de Chaulnes n'a pas oublié la gou-
vernante de Provence, et un Breton ayant voulu vous nommer, et sachant mal votre nom, s'est levé, et a dit tout haut :
C'est donc à la santé de madame de *Carignan.* Cette sottise a
fait rire MM. de Chaulnes et d'Harouïs jusqu'aux larmes : les
Bretons ont continué, croyant bien dire ; et vous ne serez plus
d'ici à huit jours que madame de *Carignan;* quelques-uns disent la comtesse de *Cariman :* voilà en quel état j'ai laissé les
choses.

Vous avez fait des merveilles d'écrire à madame de Lavardin ; je le souhaitais, vous avez prévenu mes désirs. Voilà tout
présentement le laquais de l'abbé, qui, se jouant comme un
jeune chien avec l'aimable *Jacquine*[1], l'a jetée par terre, et lui
a rompu le bras et démis le poignet ; les cris qu'elle fait sont
épouvantables c'est comme si une furie s'était rompu le bras
en enfer : on envoie querir cet homme qui vint pour Saint-Au-
bin. J'admire comme les accidents viennent, et vous ne voulez pas j'aie peur de verser ; c'est ce que je crains ; car si quelqu'un m'assurait que je ne me ferais point de mal, je ne
haïrais pas à rouler quelquefois cinq ou six tours dans un carrosse ; cette nouveauté me divertirait : mais après ce que je

[1] Une des filles de basse-cour des Rochers.

viens de voir, un bras rompu me fera toujours peur. Adieu, **ma très-belle**; vous savez comme je suis à vous, et que l'amour maternel y a moins de part que l'inclination.

A MADAME DE GRIGNAN.

Aux Rochers, mercredi 16 septembre 1671.

Je suis méchante aujourd'hui, ma fille ; je suis comme quand vous disiez, *vous êtes méchante*. Je suis triste, je n'ai point de vos nouvelles; *la grande amitié n'est jamais tranquille*. Maxime. Il pleut, nous sommes seuls; en un mot, je vous souhaite plus de joie que je n'en ai aujourd'hui.

Ce qui embarrasse fort mon abbé, la Mousse et mes gens, c'est qu'il n'y a point de remède à mon chagrin : je voudrais qu'il fût vendredi pour avoir une de vos lettres, et il n'est que mercredi : voilà sur quoi on ne sait que me faire ; toute leur habileté est à bout; et si, par l'excès de leur amitié, ils m'assuraient, pour me faire plaisir, qu'il est vendredi, ce serait encore pis ; car, si je n'avais point de vos lettres ce jour-là, il n'y aurait pas un brin de raison avec moi : de sorte que je suis contrainte d'avoir patience, quoique la patience soit une vertu, comme vous savez, qui n'est guère à mon usage : enfin je serai satisfaite avant qu'il soit trois jours.

Je voulus hier prendre un petite dose de *morale* , je m'en trouvai assez bien; mais je me trouvai encore mieux d'une petite critique contre la *Bérénice* de Racine, qui me parut fort plaisante et fort ingénieuse; c'est de l'auteur des *Sylphides*, de *Gnômes* et des *Salamandres* : il y a cinq ou six petits mots qui ne valent rien du tout, et même qui sont d'un homme qui ne sait pas le monde : cela fait quelque peine : mais comme ce ne sont que des mots en passant, il ne faut pas s'en offenser : je regarde tout le reste, et le tour qu'il donne à sa critique; je vous assure que cela est très-joli. Comme je crus que cette bagatelle vous aurait divertie, je vous souhaitai dans votre petit cabinet auprès de moi, sauf à vous en retourner dans votre beau château, quand vous auriez achevé cette lecture. Je vous avoue pourtant que j'aurais quelque peine à vous laisser partir sitôt; c'est une chose bien dure pour moi que de vous dire adieu; je sais ce que m'a coûté le dernier : il serait bien de l'humeur où je suis d'en parler, mais je n'y pense encore qu'en tremblant; ainsi vous êtes à couvert de ce chapitre. J'espère que cette lettre vous trouvera gaie; si cela est, je vous prie de la brûler tout à l'heure; ce serait une chose bien extraordinaire qu'elle fût agréable avec le chien d'esprit que je me sens. Le coadjuteur est bien heureux que je ne lui fasse pas réponse aujourd'hui.

J'ai envie de vous faire vingt-cinq ou trente questions, pour finir dignement cet ouvrage. Avez-vous des muscats? vous ne me parlez que des figues; avez-vous bien chaud? vous ne m'en dites rien; avez-vous de ces aimables bêtes que nous avions à Paris? avez-vous eu longtemps votre tante d'Harcourt? Vous jugez bien qu'après avoir perdu tant de vos lettres, je suis dans une assez grande ignorance, et que j'ai perdu la suite de votre discours. Ah! que je voudrais bien battre quelqu'un! et que je serais obligée à quelque Breton qui me voudrait faire une sotte proposition qui me mit en colère! Vous me disiez l'autre jour que vous étiez bien aise que je fusse dans ma solitude, et que j'y penserais à vous : c'est bien rencontré; c'est que je n'y pense pas assez dans tous les autres lieux. Adieu, ma fille, voici le bel endroit de ma lettre; je finis, parce que je trouve que ceci s'extravague un peu : encore a-t-on son honneur à garder.

A MADAME DE GRIGNAN.

Aux Rochers, mercredi 23 septembre 1671.

On me mande que madame de Verneuil est très-malade. Le roi causa une heure avec le bonhomme d'Andilly[1], aussi plaisamment, aussi bonnement, aussi agréablement qu'il est possible : il était aise de faire voir son esprit à ce bon vieillard, et d'attirer sa juste admiration; il témoigna qu'il était plein du plaisir d'avoir choisi M. de Pomponne, qu'il l'attendait avec impatience, qu'il aurait soin de ses affaires, sachant qu'il n'était pas riche. Il dit au bonhomme qu'il y avait de la vanité à lui d'avoir mis dans sa préface de Josèphe qu'il avait quatre-vingts ans; que c'était un péché; enfin on riait, on avait de l'esprit. Le roi ajouta qu'il ne fallait pas croire qu'il le laissât en repos dans son désert; qu'il l'enverrait querir; qu'il voulait le voir comme un homme illustre par toutes sortes de raisons. Comme le bonhomme l'assurait de sa fidélité, le roi dit qu'il n'en doutait point; et que, quand on servait bien Dieu, on servait bien son roi. Enfin ce furent des merveilles; il eut soin de l'envoyer dîner et de le faire promener dans une calèche : il en a parlé un jour entier en l'admirant. Pour M. d'Andilly, il est transporté et dit de moment en moment, sentant qu'il en a besoin : Il faut s'humilier. Vous pouvez penser la joie que cela me causa, et la part que j'y prends. Je voudrais bien que mes lettres vous donnassent autant de plaisir que les vôtres m'en donnent. Ma chère enfant, je vous embrasse de tout mon cœur.

---

[1] Père de M. de Pomponne, que le roi avait choisi pour remplacer M. de Lionne au ministère des affaires étrangères.

A MADAME DE GRIGNAN.

Aux Rochers, mercredi 4 novembre 1671.

Ah ! ma fille, il y a aujourd'hui deux ans qu'il se passa une
étrange scène à Livry[1], et que mon cœur fut dans une terrible
presse : mais il faut passer légèrement sur de tels souvenirs.
Il y a de certaines pensées qui égratignent la tête. Parlons un
peu de M. Nicole ; il y a longtemps que nous n'en avons rien
dit. Je trouve votre réflexion fort bonne et fort juste sur l'in-
différence qu'il veut que nous ayons pour l'approbation ou
l'improbation du prochain. Je crois, comme vous, qu'il faut un
peu de grâce, et que la philosophie seule ne suffit pas. Il nous
met à si haut prix la paix et l'union avec le prochain, et nous
conseille de l'acquérir aux dépens de tant de choses, qu'il n'y
a pas moyen après cela d'être indifférente sur ce que le monde
pense de nous. Devinez ce que je fais, je recommence ec
traité ; je voudrais bien en faire un bouillon et l'avaler. Ce qu'il
dit de l'orgueil et de l'amour-propre, qui se trouvent dans
toutes les disputes et qne l'on couvre du beau nom de l'amour
de la vérité, est une chose qui me ravit. Enfin ce traité est fait
pour bien du monde, mais je crois qu'on n'a eu principalement
que moi en vue. Il dit que l'éloquence et la facilité de parler
donnent un certain *éclat* aux pensées ; cette expression m'a
paru belle et nouvelle ; le mot d'*éclat* est bien placé, ne le
trouvez-vous pas ? Il faut que nous relisions ce livre à Grignan ;
si j'étais votre garde pendant votre maladie, ce serait notre
fait : mais que puis-je vous faire de si loin ? Je fais dire tous
les jours la messe pour vous, voilà mon emploi, et d'avoir bien
des inquiétudes qui ne vous serviront de rien , mais qu'il est
impossible de n'avoir pas. Cependant j'ai dix ou douze ouvriers

[1] Il s'agit d'une maladie de madame de Grignan.

en l'air qui élèvent la charpente de ma chapelle, qui courent
sur les solives, qui ne tiennent à rien, qui sont à tout moment
sur le point de se rompre le cou, qui me font mal au dos à
force de leur aider d'en bas. On songe à ce bel effet de la Providence que fait la cupidité, et l'on remercie Dieu qu'il y ait
des hommes qui, pour douze sous, veuillent bien faire ce que
d'autres ne feraient pas pour cent mille écus. « O trop heureux
ceux qui plantent des choux ! quand ils ont un pied à terre,
l'autre n'est pas loin. » Je tiens ceci d'un bon auteur. Nous
avons aussi des planteurs qui font des allées nouvelles, et dont
je tiens moi-même les arbres quand il ne pleut pas à verse ;
mais le temps nous désole et fait qu'on souhaiterait un sylphe
pour nous porter à Paris.

Adieu, ma chère enfant, je suis à vous, sans aucune exagération ni fin de lettre, *hasta la muerte* inclusivement ; j'embrasse M. de Claudiopolis, et le colonel Adhémar, et le beau
chevalier. Pour M. de Grignan, il a son fait à part.

A MADAME DE GRIGNAN.

A Paris, mercredi 23 décembre 1671.

Je vous écris un peu de provision, parce que je veux causer
un moment avec vous. Après que j'eus envoyé mon paquet le
jour de mon arrivée, le petit Dubois m'apporta celui que je
croyais égaré ; vous pouvez penser avec quelle joie je le reçus.
Je n'y pus faire réponse, parce que madame de La Fayette,
madame de Saint-Geran, madame de Villars, me vinrent embrasser. Vous avez tous les étonnements que doit causer un
malheur comme celui de M. de Lauzun ; toutes vos réflexions
sont justes et naturelles ; tous ceux qui ont de l'esprit les ont
faites, mais on commence à n'y plus penser : voici un bon pays
pour oublier les malheureux. On a su qu'il avait fait son voyage

dans un si grand désespoir, qu'on ne ne le quittait pas d'un moment. On voulut le faire descendre de carrosse à un endroit dangereux; il répondit : *Ces malheurs-là ne sont pas faits pour moi.* Il dit qu'il est innocent à l'égard du roi, mais que son crime est d'avoir des ennemis trop puissants. Le roi n'a rien dit, et ce silence déclare assez la qualité de son crime. Il crut qu'on le laisserait à Pierre-Encise, et il commençait à Lyon à faire ses compliments à M. d'Artagnan; mais, quand il sut qu'on le menait à Pignerol, il soupira et dit : *Je suis perdu.* On avait grand'pitié de sa disgrâce dans les villes où il passait: il faut avouer aussi qu'elle est extrême.

Le roi envoya querir dans ce temps-là M. de Marsillac, et lui dit : « Je vous donne le gouvernement de Berri, qu'avait Lauzun. » Marsillac répondit : « Sire, que Votre Majesté, qui sait mieux les règles de l'honneur que personne au monde, se souvienne, s'il lui plaît, que je n'étais pas ami de Lauzun; qu'elle ait la bonté de se mettre un moment à ma place, et qu'elle juge si je dois accepter la grâce qu'elle me fait.—Vous êtes, *dit le roi,* trop scrupuleux; j'en sais autant qu'un autre là-dessus; mais vous n'en devez faire aucune difficulté.— Sire, puisque Votre Majesté l'approuve, je me jette à ses pieds pour la remercier. — Mais, *dit le roi,* je vous ai donné une pension de douze mille francs, en attendant que vous ayez quelque chose de mieux. — Oui, sire, je la remets entre vos mains. — Et moi, *dit le roi,* je vous la donne une seconde fois, et je m'en vais vous faire honneur de vos beaux sentiments. » En disant cela, il se tourne vers ses ministres, leur conte les scru pules de M. de Marsillac, et dit : « J'admire la différence : ja mais Lauzun n'avait daigné me remercier du gouvernemen' de Berri; il n'en avait pas pris les provisions; et voilà un homme pénétré de reconnaissance. » Tout ceci est extrême-

ment vrai, M. de La Rochefoucauld vient de me le conter. J'ai
cru que vous ne haïriez pas ces détails; si je me trompais,
mandez-le-moi. Ce pauvre homme est très-mal de sa goutte,
et bien pis que les autres années : il m'a bien parlé de vous,
et il vous aime toujours comme sa fille. Le prince de Marsillac
m'est venu voir, et l'on me parle toujours de ma chère enfant.

Le roi part le 5 janvier pour Châlons, et doit faire plusieurs
autres tours : quelques revues chemin faisant; le voyage sera
de douze jours, mais les officiers et les troupes iront plus
loin; pour moi, je soupçonne encore quelque expédition
comme celle de la Franche-Comté. Vous savez que le roi *est
un héros de toutes les saisons.* Les pauvres courtisans sont
désolés; ils n'ont pas un sou. Brancas me demanda hier de
bonne foi si je ne voulais point prêter sur gages, et m'assura
qu'il n'en parlerait point, et qu'il aimerait mieux avoir affaire
à moi qu'à un autre. La Trousse me prie de lui apprendre
quelques-uns des secrets de Pomenars, pour subsister honnêtement; enfin ils sont abîmés. Voilà Châtillon, que j'exhorte à
vous faire un impromptu; il me demande huit jours, et je
l'assure déjà qu'il ne sera que réchauffé, et qu'il le tirera du
fond de cette gibecière que vous connaissez. Adieu, belle comtesse; il y a raison partout; cette lettre est devenue un juste
volume. J'embrasse le laborieux Grignan, le seigneur *Cor-
beau* [1], le présomptueux Adhémar, et le fortuné *Louis-Pro-
vence* [2], sur qui tous les astrologues disent que les fées ont
soufflé. *E con questo mi raccomando.*

---

[1] Fils de madame de Grignan, né depuis peu.
[2] Coadjuteur d'Aries.

A MADAME DE GRIGNAN

A Paris, mercredi 6 janvier 1672.

On était hier sur votre chapitre chez madame de Coulanges, et madame Scarron [1] se souvint avec combien d'esprit vous aviez soutenu autrefois une mauvaise cause, à la même place et sur le même tapis où nous étions : il y avait madame de La Fayette, madame Scarron, Segrais, Caderousse, l'abbé Têtu, Guilleragues, Brancas. Vous n'êtes jamais oubliée, ni tout ce que vous valez : tout est encore vif; mais quand je pense où vous êtes, quoique vous soyez reine, le moyen de ne pas soupirer? Nous soupirons encore de la vie qu'on fait ici et à Saint-Germain; tellement qu'on soupire toujours. Vous savez bien que Lauzun, en entrant en prison, dit : *In sæcula sæculorum;* et je crois qu'on eût répondu ici en certain endroit, *amen,* et en d'autres *non.* Vraiment, quand il était jaloux de votre *voisine,* il lui crevait les yeux, il lui marchait sur la main : et que n'a-t-il pas fait à d'autres! Ah! quelle folie de faire des péchés de cent dix lieues de loin!

Votre enfant est jolie; elle a un son de voix qui m'entre dans le cœur; elle a de petites manières qui plaisent, je m'en amuse et je l'aime; mais je n'ai pas encore compris que ce degré puisse jamais vous passer par-dessus la tête. Je vous embrasse de toute la plus vive tendresse de mon cœur.

A MADAME DE GRIGNAN.

A Paris, mercredi 13 janvier 1672.

Eh! mon Dieu! ma fille, que me dites-vous? Quel plaisir prenez-vous à dire du mal de votre personne, de votre esprit; à rabaisser votre bonne conduite; à trouver qu'il faut avoir

[1] Françoise d'Aubigné, depuis marquise de Maintenon.

bien de la bonté pour songer à vous ? Quoique assurément vous ne pensiez point tout cela, j'en suis blessée, vous me fâchez ; et, quoique je ne dusse peut-être pas répondre à des choses que vous dites en badinant, je ne puis m'empêcher de vous en gronder, préférablement à tout ce que j'ai à vous mander. Vous êtes bonne encore quand vous dites que vous avez peur des beaux esprits : hélas ! si vous saviez qu'ils sont petits de près, et combien ils sont quelquefois empêchés de leurs personnes, vous les remettriez bientôt à hauteur d'appui. Vous souvient-il combien vous en étiez quelquefois excédée ? Prenez garde que l'éloignement ne vous grossisse les objets ; c'est un effet assez ordinaire.

Nous soupons tous les soirs avec madame Scarron : elle a l'esprit aimable et merveilleusement droit ; c'est un plaisir que de l'entendre raisonner sur les horribles agitations d'un certain pays qu'elle connaît bien. Les désespoirs qu'avait cette d'Heudicourt dans le temps que sa place paraissait si miraculeuse ; les rages continuelles de Lauzun, les noirs chagrins ou les tristes ennuis des dames de Saint-Germain, et peut-être que la plus enviée (*madame de Montespan*) n'en est pas toujours exempte : c'est une plaisante chose que de l'entendre causer sur tout cela. Ces discours nous mènent quelquefois bien loin, de moralité en moralité, tantôt chrétienne et tantôt politique. Nous parlons très-souvent de vous ; elle aime votre esprit et vos manières, et, quand vous vous retrouverez ici, vous n'aurez point à craindre de n'être pas à la mode.

Mais écoutez la bonté du roi, et songez au plaisir de servir un si aimable maître. Il a fait appeler le maréchal de Bellefonds dans son cabinet, et lui a dit : « Monsieur le maréchal, je veux savoir pourquoi vous me voulez quitter : est-ce dévotion ? est-ce envie de vous retirer ? est-ce l'accablement de vos dettes? Si c'est le dernier, j'y veux donner ordre et entrer dans le détail de vos affaires. » Le maréchal fut sensiblement touché de cette bonté. « Sire, *dit-il*, ce sont mes dettes; je suis abîmé; je ne puis voir souffrir quelques-uns de mes amis qui m'ont assisté, et que je ne puis satisfaire. — Eh bien, *dit le roi*, il faut assurer leur dette : je vous donne cent mille francs de votre maison de Versailles, et un brevet de retenue de quatre cent mille francs, qui servira d'assurance si vous veniez à mourir; vous payeriez les arrérages avec les cent mille francs; cela étant, vous demeurerez à mon service. » En vérité, il faudrait avoir le cœur bien dur pour ne pas obéir à un maître qui entre avec tant de bonté dans les intérêts d'un de ses domestiques : aussi le maréchal n'y résista pas, et le voilà remis à sa place et comblé de bienfaits. Tout ce détail est vrai.

Il y a tous les soirs des bals, des comédies et des mascarades à Saint-Germain. Le roi a une application à divertir MADAME, qu'il n'a jamais eue pour l'autre. Racine a fait une tragédie qui s'appelle *Bajazet*, et qui lève la paille; vraiment elle ne va pas *empirando* comme les autres. M. de Tallard dit qu'elle est autant au-dessus des pièces de Corneille que celles de Corneille sont au-dessus de celles de Boyer : voilà ce qui s'appelle louer; il ne faut point tenir les vérités captives. Nous en jugerons par nos yeux et par nos oreilles.

Du bruit de Bajazet mon âme importunée[1]

fait que je veux aller à la comédie; enfin nous en jugerons.

J'ai été à Livry; hélas! ma chère enfant, que je vous ai bien tenu parole, et que j'ai songé tendrement à vous! Il y faisait

[1] Parodie de ce vers d'*Alexandre :*
Du bruit de ses exploits, mon âme importunée...
Acte Ier, scène II.

très-beau, quoique très-froid ; mais le soleil brillait ; tous les arbres étaient parés de perles et de cristaux : cette diversité ne déplaît point.

Vous me priez de vous écrire de grandes lettres ; je pense que vous devez en être contente ; je suis quelquefois épouvantée de leur immensité : ce sont toutes vos flatteries qui me donnent cette confiance. Je vous conjure de vous conserver dans ce bienheureux état, et ne passez point d'une extrémité à l'autre. De bonne foi, prenez du temps pour vous rétablir, et ne tentez point Dieu par vos dialogues et par votre voisinage.

A MADAME DE GRIGNAN.

A Paris, vendredi au soir 15 janvier 1672.

Je vous ai écrit ce matin, ma fille, par le courrier qui vous porte toutes les douceurs et tous les agréments du monde pour vos affaires de Provence ; mais je veux vous écrire encore ce soir, afin qu'il ne soit pas dit que la poste arrive sans vous apporter de mes lettres. Tout de bon, ma belle, je crois que vous les aimez ; vous me le dites : pourquoi voudriez-vous me tromper en vous trompant vous-même ? Mais si par hasard cela n'était pas, vous seriez à plaindre de l'accablement où je vous mettrais par l'abondance de mes lettres : les vôtres font ma félicité. Je ne vous ai point répondu sur votre belle âme : c'est Langlade qui dit, *la belle âme*, pour badiner ; mais, de bonne foi, vous l'avez fort belle ; ce n'est peut-être pas de ces âmes du premier ordre, comme *chose*[1], ce Romain qui, pour tenir sa parole, retourna chez les Carthaginois, où il fut pis que

---

[1] M. de Sauvebeuf, rendant compte à M. le Prince d'une négociation pour laquelle il était allé en Espagne, lui disait : *Chose, chose*, le roi d'Espagne m'a dit, etc.

martyrisé ; mais, au-dessous, vous pouvez vous vanter d'être
du premier rang : je vous trouve si parfaite et d'une si grande
réputation, que je ne sais que vous dire, sinon vous admirer,
et vous prier de soutenir toujours votre raison par votre courage, et votre courage par votre raison.

La pièce de Racine m'a paru belle, nous y avons été ; *Bajazet* est beau ; j'y trouve quelque embarras sur la fin ; mais **il
y** a bien de la passion, et de la passion moins folle que celle de
Bérénice. Je trouve pourtant, à mon petit sens, qu'elle ne sur-
passe pas *Andromaque*, et pour les belles comédies de Corneille, elles sont autant au-dessus, que votre idée est au-dessus de.... Appliquez, et ressouvenez-vous de cette folie, et
croyez que jamais rien n'approchera, je ne dis pas surpassera,
je dis que rien n'approchera des divins endroits de Corneille.
Il nous lut l'autre jour, chez M. de La Rochefoucauld, une comédie qui fait souvenir de sa défunte veine. Je voudrais cependant que vous fussiez venue avec moi après dîner, vous
ne vous seriez point ennuyée ; vous auriez peut-être pleuré
une petite larme, puisque j'en ai pleuré plus de vingt ; vous
auriez vu les *anges (les demoiselles de Grancey)* devant vous,
et la Bordeaux qui était habillée en petite mignonne. M. le
Duc était derrière, Pomenars au-dessus, avec les laquais, son
nez dans son manteau, parce que le comte de Créance veut
le faire pendre, quelque résistance qu'il y fasse ; tout le bel
air était sur le théâtre : le marquis de Villeroi avait un habit
de bal ; le comte de Guiche ceinturé comme son esprit ; tout le
reste en bandits. J'ai vu deux fois ce comte chez M. de La Rochefoucauld ; il me parut avoir bien de l'esprit, et il était
moins surnaturel qu'à l'ordinaire.

A MADAME DE GRIGNAN.

A Sainte-Marie du faubourg, vendredi 29 janvier 1672,
jour de saint François de Salles, et jour que vous
fûtes mariée. Voilà ma première radoterie ; c'est que
je fais des bouts de l'an de tout.

Me voici dans un lieu, ma fille, qui est le lieu du monde où
j'ai pleuré, le jour de votre départ, le plus abondamment et
le plus amèrement : la pensée m'en fait encore tressaillir. Il y
a une bonne heure que je me promène toute seule dans le jardin : toutes nos sœurs sont à vêpres, embarrassées d'une méchante musique; et moi, j'ai eu l'esprit de m'en dispenser.
Ma chère enfant, je n'en puis plus; votre souvenir me tue en
mille occasions : j'ai pensé mourir dans ce jardin, où je vous
ai vue si souvent : je ne veux point dire en quel état je suis;
vous avez une vertu sévère, qui n'entre point dans la faiblesse
humaine; il y a des jours, des heures, des moments où je ne
suis pas la maîtresse : je suis faible, et ne me pique point de ne
l'être pas : tant y a, je n'en puis plus, et, pour m'achever,
voilà un homme que j'avais envoyé chez le chevalier de Grignan, qui me dit qu'il est extraordinairement mal : cette pi-
toyable nouvelle n'a pas séché mes yeux. Je crois qu'il dispose
en votre faveur de ce qu'il a : gardez-le, quoique ce soit peu,
pour une marque de sa tendresse, et ne le donnez point,
comme votre cœur le voudrait : il n'y a pas un de vos beaux-
frères qui, à proportion, ne soit plus riche que vous. Je ne puis
vous dire le déplaisir que j'ai dans la vue de cette perte. Hélas! un petit aspic, comme M. de Rohan, revient de la mort;
et cet aimable garçon, bien né, bien fait, de bon naturel, d'un
bon cœur, dont la perte ne fait de bien à personne, nous va périr entre les mains ! Si j'étais libre, je ne l'aurais point abandonné; je ne crains point son mal, mais je ne fais pas sur cela

ma volonté. Vous recevrez par cet ordinaire des lettres écrites
plus tard, qui vous parleront plus précisément de ce malheur :
pour moi, je me contente de le sentir.

Hier au soir, madame du Fresnoi soupa chez nous : c'est
une nymphe, c'est une divinité; mais madame Scarron, madame de La Fayette et moi, nous voulûmes la comparer à madame de Grignan, et nous la trouvâmes cent piques au-dessous,
non pas pour l'air ni pour le teint; mais ses yeux sont étran-
ges, son nez n'est pas comparable au vôtre, sa bouche n'est
point fine, la vôtre est parfaite; et elle est tellement recueillie
dans sa beauté, que je trouve qu'elle ne dit précisément que
les paroles qui lui siéent bien : il est impossible de se la représenter parlant communément et d'affection sur quelque
chose. Pour votre esprit, ces dames ne mirent aucun degré
au-dessus du vôtre, et votre conduite, votre sagesse, votre raison, tout fut célébré ; je n'ai jamais vu une personne si bien
louée; je n'eus pas le courage de faire *les honneurs de vous*,
ni de parler contre ma conscience.

Je vous embrasse mille fois et m'en retourne à mon jardin,
et puis à un bout de salut, et puis chez des malades qui sont
aussi chagrins que moi.

Voilà Madeleine-Agnès qui entre et qui vous salue en Notre-
Seigneur.

A MADAME DE GRIGNAN.

A Paris, mercredi au soir 9 mars 1672.

Ne me parlez plus de mes lettres, ma fille; je viens d'en recevoir une de vous qui enlève, tout aimable, toute brillante,
toute pleine de pensées, toute pleine de tendresse : c'est un
style juste et court, qui chemine et qui plaît au souverain degré, même sans vous aimer comme je fais. Je vous le dirais

plus souvent, sans que je crains[1] d'être fade ; mais je suis toujours ravie de vos lettres sans vous le dire ; madame de Coulanges l'est aussi de quelques endroits que je lui fais voir, et qu'il est impossible de lire toute seule. Il y a un petit air de dimanche gras répandu sur cette lettre, qui la rend d'un goût nonpareil.

Il y avait longtemps que vous étiez abîmée : j'en étais toute triste ; mais le jeu de l'oie vous a renouvelée, comme il l'a été par les Grecs : je voudrais bien que vous n'eussiez joué qu'à l'oie, et que vous n'eussiez point perdu tant d'argent. Un malheur continuel pique et offense ; on hait d'être houspillé par la fortune ; cet avantage que les autres ont sur nous blesse et déplait, quoique ce ne soit point dans une occasion d'importance. Nicole dit si bien cela! Enfin j'en hais la fortune, et me voilà bien persuadée qu'elle est aveugle de vous traiter comme elle fait; si elle n'était que borgne, vous ne seriez point si malheureuse.

Voilà un livre que mon oncle de Sévigné[2] m'a prié de vous envoyer ; je m'imagine que ce n'est pas un roman.

Nous tâchons d'amuser notre bon cardinal : Corneille lui a lu une pièce qui sera jouée dans quelque temps, et qui fait souvenir des anciennes. Molière lui lira samedi *Trissotin*, qui est une fort plaisante chose. Despréaux lui donnera son *Lutrin* et sa *Poétique :* voilà tout ce qu'on peut faire pour son service. Il vous estime de tout son cœur, ce pauvre cardinal ; il parle souvent de vous, et vos louanges ne finissent pas si aisément qu'elles commencent. Mais, hélas! quand nous songeons

---

[1] Ancienne locution : on dirait maintenant *si je ne craignais*.

[2] Renaud de Sévigné s'était retiré à Port-Royal-des-Champs, où il passa les dernières années de sa vie dans les exercices de la plus haute piété. Il mourut le 19 mars 1676.

qu'on nous a enlevé notre chère enfant, rien n'est capable de nous consoler : pour moi, je serais très-fâchée d'être consolée ; je ne me pique ni de fermeté ni de philosophie ; mon cœur me mène et me conduit. On disait l'autre jour (je crois vous l'avoir mandé) que la vraie mesure du mérite du cœur, c'était la capacité d'aimer ; je me trouve d'une grande élévation par cette règle ; elle me donnerait trop de vanité, si je n'avais mille autres sujets de me remettre à ma place.

Adhémar m'aime assez, mais il hait trop l'évêque, et vous le haïssez trop aussi : l'oisiveté vous jette dans cet amusement ; vous n'auriez pas tant de loisir si vous étiez ici. M. d'Uzès m'a fait voir un mémoire qu'il a tiré et corrigé du vôtre, dont il fera des merveilles ; fiez-vous-en à lui ; vous n'avez qu'à lui envoyer tout ce que vous voudrez, sans craindre que rien ne sorte de ses mains, que dans le juste point de la perfection. Il y a, dans tout ce qui vient de vous autres, un petit brin d'impétuosité, qui est la vraie marque de l'ouvrier : c'est le chien du *Bassan*[1]. On vous mandera le dénoûment que M. d'Uzès fera à toute cette comédie ; j'irai me faire nommer à la porte de l'évêque, dont je vois tous les jours le nom à la mienne. Ne craignez pas, pour cela, que nous trahissions vos intérêts. Il y a plusieurs prélats qui se tourmentent de cette paix ; elle ne sera faite qu'à de bonnes enseignes. Si vous voulez faire plaisir à l'évêque, perdez bien de l'argent, mettez-vous dans une grande presse ; c'est là qu'il vous attend.

Je viens de recevoir votre lettre du jour des Cendres : en vérité, ma fille, vous me confondez par vos louanges et par vos remercîments ; c'est me faire souvenir de ce que je voudrais faire pour vous, et j'en soupire, parce que je ne me contente

---

[1] Le Bassan faisait figurer son chien dans la composition de presque tous ses tableaux.

pas moi-même; et plût à Dieu que vous fussiez si pressée de mes bienfaits, que vous fussiez contrainte de vous jeter dans l'ingratitude! Nous avons souvent dit que c'est la vraie porte pour en sortir honnêtement quand on ne sait plus où donner de la tête; mais je ne suis pas assez heureuse pour vous réduire à cette extrémité; votre reconnaissance suffit et au delà. Que vous êtes aimable! et que vous me dites plaisamment tout ce qui se peut dire là-dessus! Au reste, quelle folie de perdre tant d'argent à ce chien de brelan! c'est un coupe-gorge qu'on a banni de ce pays-ci, parce qu'on y fait de sérieux voyages : vous jouez d'un malheur insurmontable, vous perdez toujours; croyez-moi, ne vous opiniâtrez point, songez que tout cet argent s'est perdu sans vous divertir : au contraire, vous avez payé cinq ou six mille francs pour vous ennuyer, et pour être houspillée de la fortune. Ma fille, je m'emporte; il faut dire comme Tartuffe : *C'est un excès de zèle.* A propos de comédie, voilà *Bajazet* : si je pouvais vous envoyer la Champmeslé[1], vous trouveriez la pièce bonne; mais, sans elle, elle perd la moitié de son prix. Je suis folle de Corneille; il nous donnera encore *Pulchérie,* où l'on reverra

> La main qui crayonna
> La mort du grand Pompée et l'âme de Cinna.

Il faut que tout cède à son génie. Voilà cette petite fable de La Fontaine, sur l'aventure du curé de M. de Boufflers, qui fut tué tout roide en carrosse auprès de son mort : cet événement est bizarre; la fable est jolie, mais ce n'est rien au prix de celles qui suivront. Je ne sais ce que c'est que *Pot au lait.*

Adieu, ma chère enfant, j'embrasse votre comte. Hélas! quelle joie de vous voir belle taille, en santé, en état d'aller,

[1] Célèbre comédienne.

de trotter comme une autre. Donnez-moi le plaisir de vous revoir ainsi.

A MADAME DE GRIGNAN.

A Paris, mercredi 16 mars 1672.

Voici un bon mot de madame Cornuel, qui a fort réjoui le parterre : M. Tambonneau le fils a quitté la robe et a mis une sangle autour de son ventre ; avec ce bel air, il veut aller servir sur la mer : je ne sais ce que lui a fait la terre. On disait donc à madame Cornuel qu'il s'en allait à la mer : « Hélas ! « dit-elle, est-ce qu'il a été mordu d'un chien enragé? » Cela fut dit sans malice, c'est ce qui a fait rire extrêmement.

Je ne saurais vous plaindre de n'avoir point de beurre en Provence, puisque vous avez de l'huile admirable et d'excellent poisson. Ah ! ma fille, que je comprends bien ce que peuvent faire et penser des gens comme vous au milieu de vos Provençaux ! Je les trouverai comme vous, et je vous plaindrai toute ma vie de passer avec eux de si belles années de la vôtre. Je suis si peu désireuse de briller dans votre cour de Provence, et j'en juge si bien par celle de Bretagne, que, par la même raison qu'au bout de trois jours, à Vitré, je ne respirais que les Rochers, je vous jure devant Dieu que l'objet de mes désirs c'est de passer l'été à Grignan avec vous : voilà où je vise et rien au delà. Mon vin de Saint-Laurent est chez Adhémar, je l'aurai demain matin ; il y a longtemps que je vous en ai remerciée *in petto* ; cela est bien obligeant. M. de Laon aime bien cette manière d'être cardinal. On assure que l'autre jour M. de Montausier, parlant à M. le Dauphin de la dignité des cardinaux, lui dit que cela dépendait du pape, et que s'il voulait faire cardinal un palefrenier, il le pourrait. Là-dessus le cardinal de Bonzi arrive ; M. le Dauphin lui dit : « Monsieur,

« est-il vrai que si le pape voulait, il ferait cardinal un palefre-
« nier ? » M. de Bonzi fut surpris ; et devinant l'affaire, il lui
répondit : « Il est vrai, monsieur, que le pape choisit qui il
« lui plaît, mais nous n'avons pas vu jusqu'ici qu'il ait pris des
« cardinaux dans son écurie. » C'est le cardinal de Bouillon
qui m'a conté ce détail.

Écrivez un peu à notre cardinal : il vous aime : *le faubourg* [1]
vous aime ; madame Scarron vous aime, elle passe ici le carême, et céans presque tous les soirs. Barillon y est encore, et
plût à Dieu, ma belle, que vous y fussiez aussi ! Adieu, mon enfant, je ne finis point ; je vous défie de pouvoir comprendre
combien je vous aime.

A MADAME DE GRIGNAN.

A Paris, 8 avril 1672.

Vous me dites que la beauté de votre fils diminue, et que
son mérite augmente ; j'ai regret à sa beauté, et je me réjouis
qu'il aime le vin ; voilà un petit brin de Bretagne et de Bourgogne qui fera un fort bel effet, avec la sagesse des Grignans.
Votre fille est tout le contraire : sa beauté augmente, et son
mérite diminue. Je vous assure qu'elle est fort jolie, et qu'elle
est opiniâtre comme un petit démon ; elle a ses petites volontés et ses petits desseins ; elle me divertit extrêmement : son
teint est admirable, ses yeux sont bleus, ses cheveux sont
noirs ; son nez ni beau ni laid ; son menton, ses joues, son
tour de visage, très-parfaits. Je ne dis rien de sa bouche,
elle s'accommodera ; le son de sa voix est joli ; madame de
Coulanges trouvait qu'il pouvait fort bien passer par sa bouche.

Je pense, ma fille, qu'à la fin je serai de votre avis : je
trouve des chagrins dans la vie qui sont insupportables ; il y

---

[1] C'est-à-dire M. de La Rochefoucauld et madame de La Fayette, qui de-
meuraient l'un et l'autre au faubourg Saint-Germain.

a bien d'autres maux qui, pour être moindres que les douleurs, se font également redouter. Je suis si souvent traversée dans ce que je souhaite le plus, qu'en vérité la vie me paraît fort désobligeante.

A MADAME DE GRIGNAN.

A Paris, vendredi 6 mai 1672.

Ma fille, il faut que je vous conte ; c'est une radoterie que je ne puis éviter. Je fus hier à un service de M. le chancelier (*Séguier*) à l'Oratoire : ce sont les peintres, les sculpteurs, les musiciens et les orateurs qui en ont fait la dépense ; en un mot, les quatre arts libéraux. C'était la plus belle décoration qu'on puisse imaginer : Le Brun avait fait le dessin ; le mausolée touchait à la voûte, orné de mille lumières et de plusieurs figures convenables à celui qu'on voulait louer. Quatre squelettes, en bas, étaient chargés des marques de sa dignité, comme lui ayant ôté les honneurs avec la vie : l'un portait son mortier, l'autre sa couronne de duc, l'autre son ordre, l'autre les masses de chancelier. Les quatre Arts étaient éplorés et désolés d'avoir perdu leur protecteur : la Peinture, la Musique, l'Éloquence et la Sculpture. Quatre Vertus soutenaient la première représentation : la Force, la Justice, la Tempérance et la Religion. Quatre Anges ou quatre Génies recevaient au-dessus cette belle âme. Le mausolée était encore orné de plusieurs Anges qui soutenaient une chapelle ardente, laquelle tenait à la voûte. Jamais il ne s'est rien vu de si magnifique ni de si bien imaginé ; c'est le chef-d'œuvre de Le Brun. Toute l'église était parée de tableaux, de devises et d'emblèmes qui avaient rapport aux armes ou à la vie du chancelier : plusieurs actions principales y étaient peintes. Madame de Verneuil[1] voulait

---

[1] Fille du chancelier.

acheter toute cette décoration un prix excessif. Ils ont tous, en corps, résolu d'en parer une galerie et de laisser cette marque de leur reconnaissance et de leur magnificence à l'éternité. L'assemblée était belle et grande, mais sans confusion ; j'étais auprès de M. de Tulle, de M. Colbert, et de M. de Monmouth, beau comme du temps du Palais-Royal, qui par parenthèse, s'en va à l'armée trouver le roi. Il est venu un jeune père de l'Oratoire pour faire l'oraison funèbre ; j'ai dit à M. de Tulle (*Mascaron*) de le faire descendre, et de monter à sa place ; et que rien ne pouvait soutenir la beauté du spectacle et la perfection de la musique, que la force de son éloquence. Ma fille, ce jeune homme a commencé en tremblant, tout le monde tremblait aussi ; il a débuté par un accent provençal ; il est de Marseille, il s'appelle Léné ; mais, en sortant de son trouble, il est entré dans un chemin si lumineux, il a si bien établi son discours, il a donné au défunt des louanges si mesurées, il a passé par tous les endroits délicats avec tant d'adresse, il a si bien mis dans tout son jour tout ce qui pouvait être admiré, il a fait des traits d'éloquence et des coups de maître si à propos et de si bonne grâce, que tout le monde, je dis tout le monde sans exception, s'en est écrié, et chacun était charmé d'une action si parfaite et si achevée. C'est un homme de vingt-huit ans, intime ami de M. de Tulle, qui l'emmène avec lui dans son diocèse ; nous le voulons nommer le chevalier Mascaron ; mais je crois qu'il surpassera son aîné. Pour la musique, c'est une chose qu'on ne peut expliquer. Baptiste (*Lulli*) avait fait un dernier effort de toute la musique du roi ; ce beau *Miserere* y était encore augmenté ; il y eut un *Libera* où tous les yeux étaient pleins de larmes ; je ne crois point qu'il y ait une autre musique dans le ciel. Il y avait beaucoup de prélats ; j'ai dit à Guitaut : cerchons un peu notre ami *Marseille;* nous ne l'avons point vu, je lui ai dit tout bas : si c'était l'oraison funèbre de quelqu'un qui fût vivant, il n'y manquerait pas. Cette folie a fait rire Guitaut, sans aucun respect pour la pompe funèbre. Ma chère enfant, quelle espèce de lettre est-ce ceci ? Je pense que je suis folle : à quoi peut servir une si grande narration ? Vraiment, j'ai bien satisfait le désir que j'avais de conter.

Il y a quelquefois dans vos lettres des endroits qui sont très-plaisants, mais il vous échappe des périodes comme dans Tacite ; j'ai trouvé cette comparaison, il n'y a rien de plus vrai. J'embrasse Grignan et le baise à la joue droite, au-dessous de sa *touffe ébouriffée*[1].

A MADAME DE GRIGNAN.

A Paris, vendredi 17 juin 1672, à onze heures du soir.

Je viens d'apprendre, ma fille, une triste nouvelle dont je ne vous dirai point le détail, parce que je ne le sais pas : mais je sais qu'au passage de l'Yssel[2], sous les ordres de M. le Prince, M. de Longueville a été tué ; cette nouvelle accable. J'étais chez madame de La Fayette quand on vint l'apprendre à M. de La Rochefoucauld, avec la blessure de M. de Marsillac et la mort du chevalier de Marsillac : cette grêle est tombée sur lui en ma présence. Il a été très-vivement affligé, ses larmes ont coulé du fond du cœur, et sa fermeté l'a empêché d'éclater. Après ces nouvelles, je ne me suis pas donné la patience de rien demander ; j'ai couru chez M. de Pomponne, qui m'a fait souvenir que mon fils est dans l'armée du roi, laquelle n'a eu nulle part à cette expédition ; elle était réservée à M. le Prince : on

---

[1] Allusion à des bouts-rimés que madame de Grignan avait faits à Livry.

[2] C'est-à-dire au passage du Rhin ; l'Yssel fut abandonné.

dlt qu'il est blessé, on dit qu'il a passé la rivière dans un petit bateau ; on dit que Nogent a été noyé ; on dit que Guitry est tué ; on dit que M. de Roquelaure et M. de La Feuillade sont blessés, qu'il y en a une infinité qui ont péri en cette rude occasion. Quand je saurai le détail de cette nouvelle, je vous la manderai. Voilà Guitaut qui m'envoie un gentilhomme qui vient de l'hôtel de Condé ; il me dit que M. le Prince a été blessé à la main. M. de Longueville avait forcé la barrière, où il s'était présenté le premier ; il a été aussi le premier tué sur-le-champ ; tout le reste est assez pareil : M. de Guitry noyé, et M. de Nogent aussi, M. de Marsillac blessé, comme j'ai dit, et une grande quantité d'autres qu'on ne sait pas encore. Mais enfin l'Yssel est passé. M. le Prince l'a passé trois ou quatre fois en bateau, tout paisiblement, donnant ses ordres partout avec ce sang-froid et cette valeur divine qu'on lui connaît. On assure qu'après cette première difficulté on ne trouve plus d'ennemis : ils sont retirés dans leurs places. La blessure de M. de Marsillac est un coup de mousquet dans l'épaule, et un autre dans la mâchoire, sans casser l'os. Adieu, ma chère enfant ; j'ai l'esprit un peu hors de sa place, quoique mon fils soit dans l'armée du roi ; mais il y aura tant d'autres occasions, que cela fait trembler et mourir.

A MADAME DE GRIGNAN.

A Paris, 20 juin 1672.

Il m'est impossible de me représenter l'état où vous avez été, ma chère enfant, sans une extrême émotion, et, quoique je sache que vous en êtes quitte, Dieu merci ! je ne puis tourner les yeux sur le passé sans une horreur qui me trouble. Hélas ! que j'étais mal instruite d'une santé qui m'est si chère ! Qui m'eût dit en ce temps-là, votre fille est plus en danger que si elle était à l'armée, j'étais bien loin de le croire. Faut-il donc que je me trouve cette tristesse avec tant d'autres qui sont présentement dans mon cœur! Le péril extrême où se trouve mon fils, la guerre qui s'échauffe tous les jours, les courriers qui n'apportent plus que la mort de quelqu'un de nos amis ou de nos connaissances, et qui peuvent apporter pis, la crainte que l'on a des mauvaises nouvelles, et la curiosité qu'on a de les apprendre, la désolation de ceux qui sont outrés de douleur, et avec qui je passe une partie de ma vie, l'inconcevable état de ma tante, et l'envie que j'ai de vous voir, tout cela me déchire, me tue, et me fait mener une vie si contraire à mon humeur et à mon tempérament, qu'en vérité il faut que j'aie une bonne santé pour y résister. Vous n'avez jamais vu Paris comme il est; tout le monde pleure, ou craint de pleurer : l'esprit tourne à la pauvre madame de Nogent : madame de Longueville fait fendre le cœur, à ce qu'on dit : je ne l'ai point vue, mais voici ce que je sais.

Mademoiselle de Vertus était retournée depuis deux jours à Port-Royal, où elle est presque toujours : on est allé la quérir avec M. Arnauld, pour dire cette nouvelle. Mademoiselle de Vertus n'avait qu'à se montrer ; ce retour si précipité marquait bien quelque chose de funeste. En effet, dès qu'elle parut : Ah ! mademoiselle, comment se porte monsieur mon frère (*le grand Condé*)? Sa pensée n'osa pas aller plus loin. — Madame, il se porte bien de sa blessure. — Il y a eu un combat! Et mon fils! — On ne lui répondit rien. — Ah! mademoiselle, mon fils, mon cher enfant, répondez-moi, est-il mort? — Madame, je n'ai point de paroles pour vous répondre. — Ah! mon cher fils! est-il mort sur-le-champ? n'a-t-il pas eu un seul moment? Ah! mon Dieu! quel sacrifice! Et là-dessus elle tombe sur son lit; et tout ce que la plus vive douleur peut faire, et par des

convulsions, et par des évanouissements, et par un silence
mortel, et par des cris étouffés, et par des larmes amères, et
par des élans vers le ciel, et par des plaintes tendres et pitoya
bles, elle a tout éprouvé. Elle voit certaines gens, elle prend
des bouillons, parce que Dieu le veut ; elle n'a aucun repos ; sa
santé, déjà très-mauvaise, est visiblement altérée : pour moi,
je lui souhaite la mort, ne comprenant pas qu'elle puisse vivre
après une telle perte.

A MADAME DE GRIGNAN.

A Paris, vendredi 1er juillet 1672.

Enfin, ma fille, notre chère tante [1] a fini sa malheureuse vie :
la pauvre femme nous a fait bien pleurer dans cette triste occasion, et pour moi, qui suis tendre aux larmes, j'en ai beaucoup répandu. Elle mourut hier matin à quatre heures sans que
personne s'en aperçût ; on la trouva morte dans son lit : la veille
elle était extraordinairement mal, et, par inquiétude, elle voulut se lever ; elle était si faible, qu'elle ne pouvait se tenir dans
sa chaise, et s'affaissait et coulait jusqu'à la terre ; on la relevait.
Mademoiselle de La Trousse se flattait, et trouvait que c'était
qu'elle avait besoin de nourriture ; elle avait des convulsions à
la bouche : ma cousine disait que c'était un embarras que le
lait avait fait dans sa bouche et dans ses dents : pour moi,
je la trouvai très-mal. A onze heures, elle me fit signe de
m'en aller : je lui baisai la main ; elle me donna sa bénédiction,
et je partis ; ensuite elle prit son lait, par complaisance pour
mademoiselle de La Trousse ; mais, en vérité, elle ne put rien
avaler, et elle lui dit qu'elle n'en pouvait plus ; on la recoucha,
elle chassa tout le monde, et dit qu'elle s'en allait dormir. A
trois heures, elle eut besoin de quelque chose, et fit encore

[1] Madame de La Trousse, tante de madame de Sévigné.

signe qu'on la laissât en repos. A quatre heures, on dit à mademoiselle de La Trousse que sa mère dormait; ma cousine dit qu'il ne fallait pas l'éveiller pour prendre son lait. A cinq heures, elle dit qu'il fallait voir si elle dormait. On approche de son lit, on la trouve morte : on crie, on ouvre les rideaux; sa fille se jette sur cette pauvre femme, elle la veut réchauffer, ressusciter : elle l'appelle, elle crie, elle se désespère; enfin on l'arrache, et on la met par force dans une autre chambre : on me vient avertir; je cours tout émue; je trouve cette pauvre tante toute froide, et couchée si à son aise, que je ne crois pas que depuis six mois elle ait eu un moment si doux que celui de sa mort; elle n'était quasi point changée à force de l'avoir été auparavant. Je me suis mise à genoux, et vous pouvez penser si je pleurai abondamment en voyant ce triste spectacle. J'allai voir ensuite mademoiselle de La Trousse, dont la douleur fend les pierres; je les amenai toutes deux ici. Le soir, madame de La Trousse vint prendre ma cousine pour la mener chez elle et à La Trousse dans trois jours, en attendant le retour de M. de La Trousse. Mademoiselle de Méry a couché ici; nous avons été ce matin au service; elle retourne ce soir chez elle, parce qu'elle le veut, et me voilà prête à partir. Ne m'écrivez donc plus, ma belle; pour moi, je vous écrirai encore, car, quelque diligence que je fasse, je ne puis quitter encore de quelques jours, mais je ne puis plus recevoir de vos lettres.

On m'a promis une relation, je l'attends : il me semble que le roi continue ses conquêtes. Vous ne m'avez pas dit un mot sur la mort de M. de Longueville, ni sur tout le soin que j'ai eu de vous instruire, ni sur toutes mes lettres; je parle à une sourde ou à une muette; je vois bien qu'il faut que j'aille à Grignan; vos soins sont usés, on voit la corde. Adieu donc, jusqu'au revoir. Notre abbé vous fait mille amitiés; il est adorable du bon courage qu'il a de vouloir venir en Provence.

A MADAME DE GRIGNAN.

A Livry, dimanche au soir, 3 juillet 1672.

Ah! ma fille, j'ai bien des excuses à vous faire de la lettre que je vous ai écrite ce matin en partant pour venir ici. Je n'avais point reçu votre lettre; mon ami de la poste m'avait mandé que je n'en avais point; j'étais au désespoir. J'ai laissé le soin à madame de La Troche de vous mander toutes les nouvelles, et je suis partie là-dessus. Il est dix heures du soir, et M. de Coulanges, que j'aime comme ma vie, et qui est le plus joli homme du monde, m'envoie votre lettre qui était dans son paquet, et, pour me donner cette joie, il ne craint point de faire partir son laquais au clair de la lune : il est vrai, mon enfant, qu'il ne s'est point trompé dans l'opinion de m'avoir fait un grand plaisir. Je suis fâchée que vous ayez perdu un de mes paquets; comme ils sont pleins de nouvelles, cela vous dérange et vous ôte du train de ce qui se passe.

Vous devez avoir reçu des relations fort exactes; elles vous auront fait voir que le Rhin était mal défendu : le grand miracle, c'est de l'avoir passé à la nage. M. le Prince et ses Argonautes étaient dans un bateau : les premières troupes qu'ils rencontrèrent au delà demandaient quartier, quand le malheur voulut que M. de Longueville, qui sans doute ne l'entendit pas, s'approche de leurs retranchements, et, poussé d'une bouillante ardeur, arrive à la barrière, où il tue le premier qui se trouve sous sa main : en même temps on le perce de cinq ou six coups. M. le Duc le suit, M. le Prince suit son fils, et tous les autres suivent M. le Prince. Voilà où se fit la tuerie,

6

qu'on aurait, comme vous voyez, très-bien évitée, si l on avait su l'envie que ces gens-là avaient de se rendre; mais tout est marqué dans l'ordre de la Providence.

Le comte de Guiche a fait une action dont le succès le couvre de gloire; car, si elle eût tourné autrement, il eût été criminel. Il se charge de reconnaître si la rivière est guéable; il dit qu'oui : elle ne l'est pas; des escadrons entiers passent à la nage sans se déranger; il est vrai qu'il passe le premier : cela ne s'est jamais hasardé; cela réussit; il enveloppe des escadrons, et les force à se rendre. Vous voyez bien que son bonheur et sa valeur ne se sont point séparés; mais vous devez avoir de grandes relations de tout cela.

Le chevalier de Nantouillet était tombé de cheval : il va au fond de l'eau, il revient, il retourne, il revient encore; enfin il trouve la queue d'un cheval, il s'y attache; ce cheval le mène à bord, il monte sur le cheval, se trouve à la mêlée, reçoit deux coups dans son chapeau, et revient gaillard. Voilà qui est d'un sang-froid qui me fait souvenir d'Oronte, prince des Messagètes.

Au reste, il n'est rien de plus vrai que M. de Longueville avait été à confesse avant que de partir : comme il ne se vantait jamais de rien, il n'en avait pas même fait sa cour à madame sa mère, mais ce fut une confession conduite par nos amis (*de Port-Royal*), et dont l'absolution fut différée plus de deux mois. Cela s'est trouvé si vrai, que madame de Longueville n'en peut pas douter : vous pouvez penser quelle consolation ! Il faisait une infinité de libéralités et de charités que personne ne savait, et qu'il ne faisait qu'à condition qu'on n'en parlât point : jamais un homme n'a eu tant de solides vertus; il ne lui manquait que des vices, c'est-à-dire un peu d'orgueil, de vanité, de hauteur; mais, du reste, jamais on n'a été si près

de la perfection : *Pago lui, pago il mondo;* il était au-dessus
des louanges : pourvu qu'il fût content de lui, c'était assez. Je
vois souvent des gens qui sont encore fort éloignés de se consoler de cette perte; mais pour tout le gros du monde, ma pauvre enfant, cela est passé : cette triste nouvelle n'a assommé
que trois ou quatre jours, la mort de Madame dura bien plus
longtemps. Les intérêts particuliers de chacun pour ce qui se
passe à l'armée empêchent la grande application pour les malheurs d'autrui. Depuis ce premier combat, il n'a été question
que de villes rendues et de députés qui viennent demander la
grâce d'être reçus au nombre des sujets nouvellement conquis
de Sa Majesté.

N'oubliez pas d'écrire un petit mot à La Troche sur ce que
son fils s'est distingué et a passé à la nage; on l'a loué devant
le roi, comme un des plus hardis. Il n'y a nulle apparence
qu'on se défende contre une armée si victorieuse. Les Français sont jolis assurément; il faut que tout leur cède pour les
actions d'éclat et de témérité; enfin il n'y a plus de rivière
présentement qui serve de défense contre leur excessive valeur.

Adieu, ma divine enfant; pardonnez le chagrin que j'avais
d'avoir été si longtemps sans recevoir de vos lettres; elles me
sont toujours si agréables, qu'il n'y a que vous qui puissiez
me consoler de n'en avoir point.

A MADAME DE GRIGNAN.

A Paris, lundi 4 décembre 1673.

Me voilà toute soulagée de n'avoir plus Orange sur le cœur ;
c'était une augmentation par-dessus ce que j'ai accoutumé de
penser, qui m'importunait. Il n'est plus question maintenant
que de la guerre du syndicat : je voudrais qu'elle fût déjà finie.

Je crois qu'après avoir gagné votre petite bataille d'Orange,
vous n'aurez pas tardé à commencer l'autre. Vous ne sauriez
croire la curiosité qu'on avait pour être informé du bon succès
de ce beau siége; on en parlait dans le rang des nouvelles.
J'embrasse le vainqueur d'Orange, et je ne lui ferai point d'autre compliment que de l'assurer ici que j'ai une véritable joie
que cette petite aventure ait pris un tour aussi heureux; je dé-
sire le même succès à tous ses desseins, et l'embrasse de tout
mon cœur. C'est une chose agréable que l'attachement et l'a-
mour de toute la noblesse pour lui : il y a très-peu de gens
qui pussent faire voir une si belle suite pour une si légère se-
monce. M. de La Garde vient de partir pour savoir un peu ce
qu'on dit de cette prise d'Orange : il est chargé de toutes nos
instructions, et, sur le tout, de son bon esprit, et de son affection pour vous. D'Hacqueville me mande qu'il conseille à
M. de Grignan d'écrire au roi : il serait à souhaiter que, par
effet de magie, cette lettre fût déjà entre les mains de M. de
Pomponne, ou de M. de La Garde, car je ne crois pas qu'elle
puisse venir à propos. L'affaire du syndic s'est fortifiée dans
ma tête par l'absence du siége d'Orange.

Nous soupâmes hier encore avec madame Scarron et l'abbé
Têtu chez madame de Coulanges; nous causâmes fort; vous
n'êtes jamais oubliée. Nous trouvâmes plaisant d'aller rame-
ner madame Scarron à minuit au fin fond du faubourg Saint-
Germain, fort au delà de madame de La Fayette, quasi auprès
de Vaugirard, dans la campagne; une belle et grande maison
où l'on n'entre point; il y a un grand jardin, de beaux et grands
appartements; elle a un carrosse, des gens et des chevaux;
elle est habillée modestement et magnifiquement, comme une
femme qui passe sa vie avec des personnes de qualité; elle est
aimable, belle, bonne et négligée : on cause fort bien avec

elle. Nous revînmes gaiement, à la faveur des lanternes et dans la sûreté des voleurs. Madame d'Heudicourt est allée rendre ses devoirs : il y avait longtemps qu'elle n'avait paru en ce pays-là.

On disait l'autre jour à M. le Dauphin qu'il y avait un homme à Paris qui avait fait pour chef-d'œuvre un petit chariot traîné par des puces. M. le Dauphin dit à M. le prince de Conti : Mon cousin, qu'est-ce qui a fait les harnais? Quelque araignée du voisinage, dit le prince. Cela n'est-il pas joli? On parle de faire des dames du palais, du lit, de la table, pour servir au lieu des filles. Tout cela se réduira à quatre du palais, qui seront, à ce qu'on croit, la princesse d'Harcourt, madame de Soubise, madame de Bouillon, madame de Rochefort, et rien n'est encore assuré. Adieu, ma très-aimable.

Madame de Coulanges vous embrasse ; elle voulait vous écrire aujourd'hui ; elle ne perd pas une occasion de vous rendre service ; elle y est appliquée, et tout ce qu'elle dit est d'un style qui plaît infiniment ; elle se réjouit de la prise d'Orange ; elle va quelquefois à la Cour, et jamais sans avoir dit quelque chose d'agréable pour nous.

A MADAME DE GRIGNAN.

A Paris, 26 janvier 1674.

Je revins hier de Mêni, où j'étais allée pour voir le lendemain M. d'Andilly ; je fus six heures avec lui ; j'eus toute la joie que peut donner la conversation d'un homme admirable ; je vis aussi mon oncle de Sévigné[1], mais un moment. Ce Port-Royal est une Thébaïde ; c'est un paradis ; c'est un désert où toute la

---

[1] M. d'Andilly et M. de Sévigné s'étaient retirés depuis plusieurs années à Port-Royal-des-Champs situé près de Chevreuse.

dévotion du christianisme s'est rangée ; c'est une saintété répandue dans tout le pays à une lieue à la ronde ; il y a cinq ou
six solitaires qu'on ne connaît point, qui vivent comme les pé-
nitents de saint Jean Climaque ; les religieuses sont des anges
sur terre. Mademoiselle de Vertus y achève sa vie avec des douleurs inconcevables et une résignation extrême : tout ce qui les
sert, jusqu'aux charretiers, aux bergers, aux ouvriers, tout
est modeste. Je vous avoue que j'ai été ravie de voir cette divine solitude, dont j'avais tant ouï parler ; c'est un vallon affreux, tout propre à inspirer le goût de faire son salut. Je revins coucher au Mêni, et hier ici, après avoir encore embrassé
M. d'Andilly en passant. Je crois que je dinerai demain chez
M. de Pomponne ; ce ne sera pas sans parler de son père et de
ma fille : voilà deux chapitres qui nous tiennent au cœur. J'attends tous les jours mon fils ; il m'écrit des tendresses infinies ; il est parti plus tôt, et revient plus tard que les autres.

A MADAME DE GRIGNAN.

A Paris, lundi 5 février 1674.

Il y a aujourd'hui bien des années, ma fille, qu'il vint au
monde une créature destinée à vous aimer préférablement à
toutes choses : je prie votre imagination de n'aller ni à droite
ni à gauche, *cet homme-là, sire, c'était moi-même*[1]. Il y eut
hier trois ans que j'eus une des plus sensibles douleurs de ma
vie ; vous partîtes pour la Provence, où vous êtes encore ; ma
lettre serait longue, si je voulais vous expliquer toutes les
amertumes que je sentis, et que j'ai senties depuis en conséquence de cette première. Mais revenons : je n'ai point reçu
de vos lettres aujourd'hui, je ne sais s'il m'en viendra ; je ne

---

[1] Vers de Marot, dans son·épître au roi François Ier, *pour avoir été des-
robé*.

le crois pas, il est trop tard : j'en attendais cependant avec impatience ; je voulais apprendre votre départ d'Aix, afin de pouvoir supputer un peu juste votre retour ; tout le monde m'en assassine, et je ne sais que répondre. Je ne pense qu'à vous et à votre voyage : si je reçois de vos lettres, après avoir envoyé celle-ci, soyez en repos ; je ferai assurément tout ce que vous me manderez. Je vous écris aujourd'hui un peu plus tôt qu'à l'ordinaire. M. de Corbinelli et mademoiselle de Méri sont ici, qui ont dîné avec moi. Je m'en vais à un petit opéra de Molière, beau-père d'Itier, qui se chante chez Pelissari ; c'est une musique très-parfaite ; M. le Prince, M. le Duc et madame la Duchesse y seront, Je m'en irai peut-être de là souper chez Gourville avec madame de La Fayette, M. le Duc, madame de Thianges, M. de Vivonne, à qui l'on dit adieu et qui s'en va demain. Si cette partie est rompue, j'irai chez madame de Chaulnes ; j'en suis extrêmement priée par la maîtresse du logis et par les cardinaux de Retz et de Bouillon, qui me l'avaient fait promettre : le premier est dans une extrême impatience de vous voir ; il vous aime chèrement. Voilà une lettre qu'il m'envoie.

On avait cru que mademoiselle de Blois avait la petite vérole, mais cela n'est pas. On ne parle point des nouvelles d'Angleterre ; cela fait juger qu'elles ne sont pas bonnes. Il n'y a eu qu'un bal ou deux à Paris dans tout ce carnaval ; on y a vu quelques masques, mais peu. La tristesse est grande ; les assemblées de Saint-Germain sont des mortifications pour le roi, et seulement pour marquer la cadence du carnaval.

Le père Bourdaloue fit un sermon le jour de Notre-Dame. qui transporta tout le monde ; il était d'une force à faire trembler les courtisans, et jamais prédicateur évangélique n'a prêché si hautement ni si généreusement les vérités chrétiennes :

il était question de faire voir que toute puissance doit être soumise à la loi, à l'exemple de Notre-Seigneur, qui fut présenté au temple; enfin, ma fille, cela fut porté au point de la plus haute perfection, et certains endroits furent poussés comme les aurait poussés l'apôtre saint Paul.

L'archevêque de Reims revenait hier fort vite de Saint-Germain, c'était comme un tourbillon : il croit bien être grand seigneur, mais ses gens le croient encore plus que lui. Ils passaient au travers de Nanterre, *tra, tra, tra;* ils rencontrent un homme à cheval, *gare, gare!* ce pauvre homme veut se ranger, son cheval ne veut pas; et enfin le carrosse et les six chevaux renversent cul par-dessus tête le pauvre homme et le cheval, et passant par-dessus, et si bien par-dessus, que le carrosse en fut versé et renversé : en même temps l'homme et le cheval, au lieu de s'amuser à être roués et estropiés, se relèvent miraculeusement, remontent l'un sur l'autre, et s'enfuient et courent encore, pendant que les laquais de l'archevêque et le cocher, et l'archevêque même, se mettent à crier : *Arrête, arrête ce coquin, qu'on lui donne cent coups!* L'archevêque, en racontant ceci, disait : Si j'avais tenu ce maraud-là, je lui aurais rompu les bras et coupé les oreilles.

Je dînai, hier encore, chez Gourville avec madame de Langeron, madame de La Fayette, madame de Coulanges, Corbinelli, l'abbé Têtu, Briole et mon fils; votre santé y fut célébrée, et un jour pris pour vous y donner à dîner. Adieu, ma très-chère et très-aimable, je ne puis vous dire à quel point je vous souhaite. Je m'en vais encore adresser cette lettre à Lyon. J'ai envoyé les deux premières au chamarier; il me semble que vous y devez être, ou jamais. Je reçois dans ce moment votre lettre du 28, elle me ravit. Ne craignez point, ma bonne, que ma joie se refroidisse. Je ne suis occupée que de cette joie sensible de vous voir, et de vous recevoir, et de vous embrasser avec des sentiments et des manières d'aimer qui sont d'une étoffe au-dessus du commun, et même de ce que l'on estime le plus[1].

A MADAME DE GRIGNAN.

A Livry, lundi 27 mai 1675.

Quel jour, ma fille, que celui qui ouvre l'absence! comment vous a-t-il paru? Pour moi, je l'ai senti avec toute l'amertume et toute la douleur que j'avais imaginées, et que j'avais appréhendées depuis si longtemps. Quel moment que celui où nous nous séparâmes! quel adieu et quelle tristesse d'aller chacune de son côté, quand on se trouve si bien ensemble! Je ne veux point vous en parler davantage, ni célébrer, comme vous dites, toutes les pensées qui me pressent le cœur : je veux me représenter votre courage, et tout ce que vous m'avez dit sur ce sujet, qui fait que je vous admire. Il me parut pourtant que vous étiez un peu touchée en m'embrassant. Pour moi, je revins à Paris[2], comme vous pouvez vous l'imaginer : M. de Coulanges se conforma à mon état; j'allai descendre chez M. le cardinal de Retz, où je renouvelai tellement toute ma douleur, que je fis prier M. de La Rochefoucauld, madame de La Fayette et madame de Coulanges, qui vinrent pour me voir, de trouver bon que je n'eusse point cet honneur : il faut cacher ses faiblesses devant les forts. M. le cardinal entra dans les miennes; la sorte d'amitié qu'il a pour vous le rend fort sen-

---

[1] M. et madame de Grignan arrivèrent à Paris peu de jours après. M. de Grignan retourna en Provence au mois de mai 1674, et madame de Grignan alla le rejoindre à la fin de mai 1675.

[2] Les adieux de la mère et de la fille s'étaient faits à Fontainebleau.

sible à votre départ. Il se fait peindre par un religieux de Saint Victor; je crois que, malgré Caumartin, il vous donnera l'original. Il s'en va dans peu de jours; son secret est répandu; ses gens sont fondus en larmes : je fus avec lui jusqu'à dix heures. Ne blâmez point, mon enfant, ce que je sentis en rentrant chez moi : quelle différence! quelle solitude! quelle tristesse! Votre chambre, votre cabinet, votre portrait! ne plus trouver cette aimable personne! M. de Grignan comprend bien ce que je veux dire et ce que je sentis. Le lendemain, qui était hier, je me trouvai tout éveillée à cinq heures; j'allai prendre Corbinelli pour venir ici avec l'abbé. Il y pleut sans cesse, et je crains fort que vos chemins de Bourgogne ne soient rompus. Nous lisons ici des maximes que Corbineîlli m'explique; il voudrait bien m'apprendre à gouverner mon cœur; j'aurais beaucoup gagné à mon voyage, si j'en rapportais cette science. Je m'en retourne demain; j'avais besoin de ce moment de repos pour remettre un peu ma tête, et reprendre une espèce de contenance.

A M. DE GRIGNAN.

A Paris, ce 31 juillet 1675.

C'est à vous que je m'adresse, mon cher comte, pour vous écrire une des plus fâcheuses pertes qui pût arriver en France : c'est la mort de M. de Turenne, dont je suis assurée que vous serez aussi touché et aussi désolé que nous le sommes ici. Cette nouvelle arriva lundi à Versailles : le roi en a été affligé, comme on doit l'être de la mort du plus grand capitaine et du plus honnête homme du monde; toute la Cour fut en larmes, et M. de Condom pensa s'évanouir. On était près d'aller se divertir à Fontainebleau, tout a été rompu; jamais un homme n'a été regretté si sincèrement : tout ce quartier où il a logé[1], et tout le peuple, était dans le trouble et l'émotion ; chacun parlait et s'attroupait pour regretter ce héros. Je vous envoie une très-bonne relation de ce qu'il a fait quelques jours avant sa mort. C'est après trois mois d'une conduite toute miraculeuse, et que les gens du métier ne se lassent point d'admirer, qu'arrive le dernier jour de sa gloire et de sa vie. Il avait le plaisir de voir décamper l'armée des ennemis devant lui ; et le 27, qui était samedi, il alla sur une petite hauteur pour observer leur marche : son dessein était de donner sur l'arrière-garde, et il mandait au roi à midi, que, dans cette pensée, il avait envoyé dire à Brissac qu'on fît les prières de quarante heures. Il mande la mort du jeune d'Hocquincourt, et qu'il enverra un courrier pour apprendre au roi la suite de cette entreprise : il cachette sa lettre, et l'envoie à deux heures. Il va sur cette petite colline avec huit ou dix personnes : on tire de loin à l'aventure un malheureux coup de canon qui le coupe au milieu du corps, et vous pouvez penser les cris et les pleurs de cette armée : le courrier part à l'instant, il arriva lundi, comme je vous ai dit : de sorte qu'à une heure l'une de l'autre, le roi eut une lettre de M. de Turenne, et la nouvelle de sa mort. Il est arrivé depuis un gentilhomme de M. de Turenne, qui dit que les armées sont assez près l'une de l'autre ; que M. de Lorges commande à la place de son oncle, et que rien ne peut être comparable à la violente affliction de toute cette armée. Le roi a ordonné en même temps à M. le Duc d'y courir en poste, en attendant M. le Prince, qui doit y aller ; mais comme sa santé est assez mauvaise, et que le chemin est long, tout est à craindre dans cet entre-temps : c'est une cruelle chose que cette fatigue pour

---

[1] L'hôtel de Turenne était situé rue Saint-Louis, au Marais.

M. le Prince : Dieu veuille qu'il en revienne ! M. de Luxembourg demeure en Flandre pour y commander en chef : les lieutenants généraux de M. le Prince sont MM. de Duras et de La Feuillade. Le maréchal de Créqui demeure où il est. Dès le lendemain de cette nouvelle, M. de Louvois proposa au roi de réparer cette perte en faisant huit généraux au lieu d'un, c'est y gagner. En même temps on fit huit maréchaux de France[1] lsavoir : M. de Rochefort, à qui les autres doivent un remercîment ; MM. de Luxembourg, Duras, La Feuillade, d'Estrades, Navailles, Schomberg et Vivonne ; en voilà huit bien comptés : je vous laisse méditer sur cet endroit. Le grand maître était au désespoir, on l'a fait duc ; mais que lui donne cette dignité ? Il a les honneurs du Louvre par sa charge, il ne passera point au parlement à cause des conséquences ; et sa femme ne veut de tabouret qu'à Bouillé : cependant c'est une grâce ; et s'il était veuf, il pourrait épouser quelque jeune veuve. Vous savez la haine du comte de Gramont pour Rochefort ; je le vis hier, il est enragé ; il lui a écrit, et l'a dit au roi. Voici la lettre :

MONSEIGNEUR,

La faveur l'a pu faire autant que le mérite[2].

C'est pourquoi je ne vous en dirai pas davantage.

Le comte de GRAMONT.

Adieu, Rochefort.

Adieu, monsieur et madame, je vous embrasse mille fois. Je vous plains de n'avoir personne à qui parler de cette grande nouvelle ; il est naturel de communiquer tout ce qu'on pense là-dessus. Si vous êtes fâchés, vous êtes comme nous sommes ici.

---

[1] On a souvent dit que madame de Cornuel appelait ces huit maréchaux de France *la monnaie de M. de Turenne.*

[2] Vers du *Cid*.

A MADAME DE GRIGNAN.

A Paris, vendredi 9 août 1675.

Parlons un peu de M. de Turenne ; il y a longtemps que nous n'en avons parlé. N'admirez-vous point que nous nous trouvions heureux d'avoir repassé le Rhin, et que ce qui aurait été un dégoût, s'il était au monde, nous paraisse une prospérité, parce que nous ne l'avons plus ? Voyez ce que fait la perte d'un seul homme. Écoutez, je vous prie, une chose qui est à mon sens fort belle : il me semble que je lis l'histoire romaine. Saint-Hilaire, lieutenant général d'artillerie, fit donc arrêter M. de Turenne qui avait toujours galopé, pour lui faire voir une batterie ; c'était comme s'il eût dit : Monsieur, arrêtez-vous un peu, car c'est ici que vous devez être tué. Le coup de canon vient donc, et emporte le bras de Saint-Hilaire qui montrait cette batterie, et tue M. de Turenne : le fils de Saint-Hilaire se jette à son père, et se met à crier et à pleurer. *Taisez-vous, mon enfant,* lui dit-il ; *voyez,* en lui montrant M. de Turenne roide mort, *voilà ce qu'il faut pleurer éternellement, voilà ce qui est irréparable.* Et sans faire nulle attention sur lui, se met à crier et à pleurer cette grande perte. M. de La Rochefoucauld pleure lui-même, en admirant la noblesse de ce sentiment.

Le gentilhomme de M. de Turenne, qui était retourné et qui est revenu, dit qu'il a vu faire des actions héroïques au chevalier de Grignan ; qu'il a été jusqu'à cinq fois à la charge, et que sa cavalerie a si bien repoussé les ennemis, que ce fut cette vigueur extraordinaire qui décida du combat. M. de Boufflers et le duc de Sault ont fort bien fait aussi ; mais surtout M. de Lorraine, qui parut neveu du héros dans cette occasion. Je reviens au chevalier de Grignan, et j'admire qu'il n'ait pas été blessé, à se mêler comme il a fait, et à essuyer tant de fois le feu des ennemis. Le duc de Villeroi ne se peut consoler de M. de Turenne ; il écrit que la fortune ne peut plus lui faire de mal, après lui avoir fait celui de lui ôter le plaisir d'être aimé et estimé d'un tel homme ; il venait de rhabiller à ses dépens tout un régiment anglais, et l'on n'a trouvé que neuf cents francs dans sa cassette. Son corps est porté à Turenne : plusieurs de ses gens et même de ses amis l'ont suivi. M. le duc de Bouillon est revenu ; le chevalier de Coislin, parce qu'il est malade ; mais le chevalier de Vendôme, à la veille du combat : voilà sur quoi on crie.

A MADAME DE GRIGNAN.

A Paris, vendredi 16 août 1675.

Je voudrais mettre tout ce que vous m'écrivez de M. de Turenne dans une oraison funèbre : vraiment votre style est d'une énergie et d'une beauté extraordinaires ; vous étiez dans les bouffées d'éloquence que donne l'émotion de la douleur. Ne croyez point, ma fille, que son souvenir soit déjà fini dans ce pays-ci ; ce fleuve, qui entraîne tout, n'entraîne pas sitôt une telle mémoire ; elle est consacrée à l'immortalité. J'étais l'autre jour chez M. de La Rochefoucauld avec madame de Lavardin, madame de La Fayette et M. de Marsillac, M. le Premier y vint : la conversation dura deux heures sur les divines qualités de ce véritable héros : tous les yeux étaient baignés de larmes, et vous ne sauriez croire comme la douleur de sa perte était profondément gravée dans les cœurs : vous n'avez rien par-dessus nous que le soulagement de soupirer tout haut et d'écrire son panégyrique. Nous remarquions une chose, c'est que ce n'est pas depuis sa mort que l'on admire la grandeur de son cœur, l'étendue de ses lumières et l'élévation de son âme ; tout le monde en était plein pendant sa vie ; et vous pouvez

penser ce que fait sa perte par-dessus ce qu'on était déjà ; enfin ne croyez point que cette mort soit comme celle des autres.
Vous pouvez en parler tant qu'il vous plaira, sans croire que
la dose de votre douleur l'emporte sur la nôtre. Pour son âme,
c'est encore un miracle qui vient de l'estime parfaite qu'on
avait pour lui : il n'est pas tombé dans la tête d'aucun dévot
qu'elle ne fût pas en bon état ; on ne saurait comprendre que
le mal et le péché pussent être dans son cœur ; sa conversion
si sincère nous a paru comme un baptême ; chacun conte l'in-
nocence de ses mœurs, la pureté de ses intentions, son humi-
lité éloignée de toute sorte d'affectation, la solide gloire dont il
était plein, sans faste et sans ostentation, aimant la vertu pour
elle-même, sans se soucier de l'approbation des hommes ; une
charité généreuse et chrétienne. Vous ai-je dit comme il rha-
billa ce régiment anglais ? Il lui en coûta quatorze mille francs,
et il resta sans argent. Les Anglais ont dit à M. de Lorges qu'ils
achèveraient de servir cette campagne pour venger la mort de
M. de Turenne ; mais qu'après cela ils se retireraient, ne pouvant obéir à d'autres que lui. Il y avait de jeunes soldats qui
s'impatientaient un peu dans les marais, où ils étaient dans
l'eau jusqu'aux genoux ; et les vieux soldats leur disaient :
« Quoi ! vous vous plaignez ? on voit bien que vous ne connaissez pas M. de Turenne. Il est plus fâché que nous quand
nous sommes mal ; il ne songe, à l'heure qu'il est, qu'à nous
tirer d'ici ; il veille quand nous dormons ; c'est notre père : on
voit bien que vous êtes jeunes ; » et ils les rassuraient ainsi.
Tout ce que je vous mande est vrai : je ne me charge point des
fadaises dont on croit faire plaisir aux gens éloignés ; c'est
abuser d'eux, et je choisis bien plus ce que je vous écris que
ce que je vous dirais si vous étiez ici. Je reviens à son âme :
c'est donc une chose à remarquer que nul dévot ne s'est avisé

de douter que Dieu ne l'eût reçue à bras ouverts, comme une des plus belles et des meilleures qui soient jamais sorties de ses mains. Méditez sur cette confiance générale de son salut, et vous trouverez que c'est une espèce de miracle qui n'est que pour lui; enfin personne n'a osé douter de son repos éternel. Vous verrez dans les nouvelles les effets de cette grande perte.

Depuis la défaite du maréchal de Créqui, M. de La Feuillade a pris la poste, et s'en est venu droit à Versailles, où il surprit le roi, et lui dit : « Sire, les uns font venir leurs femmes (*c'est Rochefort*), les autres les viennent voir : pour moi, je viens voir une heure Votre Majesté, et la remercier mille et mille fois; je ne verrai que Votre Majesté, car ce n'est qu'à elle que je dois tout. » Il causa assez longtemps, et puis prit congé, et dit : « Sire, je m'en vais, je vous supplie de faire mes compliments à la reine, à M. le Dauphin, à ma femme et à mes enfants, et s'en alla remonter à cheval; et, en effet, il n'a vu âme vivante. Cette petite équipée a fort plu au roi, qui a raconté, en riant, comme il était chargé des compliments de M. de La Feuillade. Il n'y a qu'à être heureux, tout réussit.

A MADAME DE GRIGNAN.

A Paris, mercredi 28 août 1675.

Si l'on pouvait écrire tous les jours, je m'en accommoderais fort bien ; je trouve même quelquefois le moyen de le faire, quoique mes lettres ne partent pas, mais le plaisir d'écrire est uniquement pour vous ; car, à tout le reste du monde, on voudrait avoir écrit, et c'est parce qu'on le doit. Vraiment, ma fille, je m'en vais bien encore vous parler de M. de Turenne. Madame d'Elbeuf, qui demeure pour quelques jours chez le cardinal de Bouillon, me pria hier de dîner avec eux deux, pour parler de leur affliction : madame de La Fayette y vint : nous fîmes bien précisément ce que nous avions résolu; les yeux ne nous séchèrent pas. Madame d'Elbeuf avait un portrait divinement bien fait de ce héros, dont tout le train était arrivé à onze heures : tous ces pauvres gens étaient en larmes, et déjà tout habillés de deuil; il vint trois gentilshommes qui pensèrent mourir en voyant ce portrait; c'étaient des cris qui faisaient fendre le cœur; ils ne pouvaient prononcer une parole ; ses valets de chambre, ses laquais, ses pages, ses trompettes, tout était fondu en larmes, et faisait fondre les autres. Le premier qui fut en état de parler répondit à nos tristes questions : nous nous fîmes raconter sa mort. Il voulait se confesser, et en se cachottant il avait donné ses ordres pour le soir, et devait communier le lendemain dimanche, qui était le jour qu'il croyait donner la bataille.

Il monta à cheval le samedi à deux heures, après avoir mangé; et comme il avait bien des gens avec lui, il les laissa tous à trente pas de la hauteur où il voulait aller, et dit au petit d'Elbeuf : « Mon neveu, demeurez là; vous ne faites que « tourner autour de moi, vous me feriez reconnaître. » M. d'Hamilton, qui se trouva près de l'endroit où il allait, lui dit : « Monsieur, venez par ici; on tire du côté où vous allez. — Monsieur, *lui dit-il*, vous avez raison ; je ne veux point du « tout être tué aujourd'hui; cela sera le mieux du monde. » Il eut à peine tourné son cheval, qu'il aperçut Saint-Hilaire, le chapeau à la main, qui lui dit : « Monsieur, jetez les yeux sur « cette batterie que je viens de faire placer là. » M. de Turenne revint; et dans l'instant, sans être arrêté, il eut le bras et le corps fracassés du même coup qui emporta le bras et la main qui tenaient le chapeau de Saint-Hilaire. Ce gentilhomme, qui

le regardait toujours, ne le voit point tomber; le cheval l'emporte où il avait laissé le petit d'Elbeuf; il n'était point encore
tombé; mais il était penché le nez sur l'arçon : dans ce moment, le cheval s'arrête; le héros tombe entre les bras de ses
gens; il ouvre deux fois deux grands yeux et la bouche, et
demeure tranquille pour jamais : songez qu'il était mort, et
qu'il avait une partie du cœur emportée. On crie, on pleure;
M. d'Hamilton fait cesser le bruit et ôter le petit d'Elbeuf, qui
s'était jeté sur le corps, qui ne voulait pas le quitter, et se
pâmait de crier. On couvre le corps d'un manteau, on le porte
dans une haie; on le garde à petit bruit; un carrosse vient, on
l'emporte dans sa tente : ce fut là où M. de Lorges, M. de Roye
et beaucoup d'autres, pensèrent mourir de douleur; mais il
fallut se faire violence, et songer aux grandes affaires qu'on
avait sur les bras. On lui a fait un service militaire dans le
camp, où les larmes et les cris faisaient le véritable deuil :
tous les officiers avaient pourtant des écharpes de crêpe;
tous les tambours en étaient couverts; ils ne battaient qu'un
coup; les piques traînantes et les mousquets renversés : mais
ces cris de toute une armée ne se peuvent pas représenter,
sans que l'on en soit ému. Ses deux neveux étaient à cette
pompe, dans l'état que vous pouvez penser. M. de Roye tout
blessé s'y fit porter; car cette messe ne fut dite que quand ils
eurent repassé le Rhin. Je pense que le pauvre chevalier
(de Grignan) était bien abîmé de douleur. Quand ce corps a
quitté son armée, ç'a été encore une autre désolation; et
partout où il a passé on n'entendait que des clameurs : mais à
Langres ils se sont surpassés; ils allèrent au-devant de lui en
habits de deuil au nombre de plus de deux cents, suivis du
peuple; tout le clergé en cérémonie; il y eut un service solennel dans la ville, et en un moment ils se cotisèrent tous pour

cette dépense, qui monta à cinq mille francs, parce qu'ils reconduisirent le corps jusqu'à la première ville, et voulurent défrayer tout le train. Que dites-vous de ces marques naturelles d'une affection fondée sur un mérite extraordinaire ? Il arrive à Saint-Denis ce soir ou demain; tous ses gens l'allaient reprendre à deux lieues d'ici; il sera dans une chapelle en dépôt; on lui fera un service à Saint-Denis, en attendant celui de Notre-Dame, qui sera solennel. Voilà quel fut le divertissement que nous eûmes. Nous dînâmes comme vous pouvez penser, et jusqu'à quatre heures nous ne fîmes que soupirer. Le cardinal de Bouillon parla de vous, et répondit que vous n'auriez point évité cette triste partie si vous aviez été ici : je l'assurai fort de votre douleur; il vous fera réponse e à M. de Grignan; il me pria de vous faire mille amitiés, et la bonne d'Elbeuf, qui perd tout, aussi bien que son fils. Voilà une belle chose de m'être embarquée à vous conter ce que vous saviez déjà ; mais ces originaux m'ont frappée, et j'ai été bien aise de vous faire voir que voilà comme on oublie M. de Turenne en ce pays-ci.

Adieu, ma chère enfant, je vous embrasse mille fois avec une tendresse qui ne peut se représenter.

A MADAME DE GRIGNAN.

Aux Rochers, mercredi 4 décembre 1675.

Voici le jour que j'écris sur la pointe d'une aiguille, car je ne reçois plus vos lettres que deux à la fois le vendredi. Comme je venais de me promener avant-hier, je trouvai au bout du mail le *frater*, qui se mit à deux genoux aussitôt qu'il m'aperçut, se sentant si coupable d'avoir été trois semaines sous terre à chanter *matines*, qu'il ne croyait pas me pouvoir aborder d'une autre façon. J'avais bien résolu de le gronder, et je ne

sus jamais où trouver de la colère; je fus fort aise de le voir;
vous savez comme il est divertissant; il m'embrassa mille fois;
il me donna les plus méchantes raisons du monde, que je pris
pour bonnes. Nous causons fort, nous lisons, nous nous pro-
menons, et nous achèverons ainsi l'année, c'est-à-dire le reste.
Nous avons résolu d'offrir notre chien de guidon, et de souffrir encore quelque supplément, selon que le roi l'ordonnera;
si le chevalier de Lauzun veut vendre sa charge entière, nous
le laisserons trouver des marchands de son côté, comme nous
en chercherons du nôtre, et nous verrons alors à nous accom-
moder.

M. de Coulanges me mande qu'il a vu le chevalier de Grignan, qui s'accommode mal de mon absence: je suis plus touchée que je ne l'ai encore été de n'être pas à Paris pour le voir
et causer avec lui. Mais savez-vous bien, ma chère, que son
régiment est dans le nombre des troupes qu'on nous envoie?
Ce serait une plaisante chose s'il venait ici; je le recevrais avec
une grande joie.

J'ai fort envie d'apprendre ce qui sera arrivé de votre procureur du pays; je crains que M. de Pomponne, qui s'était mêlé
de cette affaire, croyant vous obliger, ne soit un peu fâché de
voir le tour qu'elle a pris; cela se présente en gros comme une
chose que vous ne voulez plus après l'avoir souhaitée : les circonstances qui vous ont obligée à prendre un autre parti ne
sauteront pas aux yeux, du moins je le crains, et je souhaite
me tromper. Il me semble que vous devez être bien instruite
des nouvelles, à cette heure que le chevalier est à Paris. M. de
Coulanges vient de recevoir un violent dégoût; M. Le Tellier a
ouvert sa bourse à Bagnols pour lui faire acheter une charge
de maître des requêtes, et en même temps lui donne une com-
mission qu'il avait refusée à M. de Coulanges, et qui vaut, sans

bouger de Paris, plus de deux mille livres de rentes. Voilà une mortification sensible, et sur quoi, si madame de Coulanges[1] ne fait rien changer par une conversation qu'elle doit avoir eue avec ce ministre, Coulanges est très-résolu de vendre sa charge[2]; il m'en écrit, outré de douleur. Vous savez très-bien les espérances de la paix : les gazettes ne vous manquent pas, non plus que les lamentations de cette province. M. le cardinal me mande qu'il a vu le comte de Sault, Renti et Biran : il a si peur d'être l'ermite de la foire, qu'il est allé passer l'avent à Saint-Mihiel. Parlez-moi de vous, ma chère enfant. Comment vous portez-vous? votre teint n'est-il point en poudre? êtes-vous belle quand vous voulez? Enfin je pense mille fois à vous, et vous ne me sauriez trop parler de ce qui vous regarde.

A MADAME DE GRIGNAN.

Aux Rochers, dimanche 29 décembre 1675. .

Je vous remercie, ma fille, de conserver quelque souvenir *del paterno nido.* Hélas! notre château en Espagne serait de vous y voir; quelle joie! et pourquoi serait-il impossible de vous revoir dans ces belles allées? Que dites-vous du mariage de La Mothe? La beauté, la jeunesse, la conduite, font-elles quelque chose pour bien établir les demoiselles? Ah! Providence! il en faut revenir là. Madame de Puisieux est ressuscitée, mais n'est-ce pas mourir deux fois, bien près l'une de l'autre? car elle a quatre-vingts ans. Madame de Coulanges m'apprend la bonne compagnie de notre quartier; mais cela ne me presse point d'y retourner plus tôt que je n'ai résolu : je ne m'y sens attirée que par des affaires; car pour des plai-

---

[1] Madame de Coulanges était cousine de M. de Louvois
[2] De maître des requêtes.

sirs, je n'en espère point, et l'hiver n'est point en ce pays-ci ce
que l'on pense; il ne me fait nulle horreur. Mon fils me fait ici
une fort bonne compagnie, et il trouve que j'en suis une aussi;
il n'y a nul air de maternité à notre affaire; la princesse en est
étonnée, elle qui connaît des enfants qui n'ont point d'âme
dans le corps. Elle est bien affligée des troupes qui sont arrivées à Vitré; elle espérait, avec raison, d'être exemptée; mais
cependant voilà un bon régiment dans sa ville : c'était une
chose plaisante si c'eût été le régiment de Grignan; mais savez-
vous qu'il est à la Trinité, c'est-à-dire à Bodégat[1]? J'ai écrit au
chevalier (*de Grignan*), non pas pour rien déranger, car tout
est réglé, mais afin que l'on traite doucement et honnêtement
mon fermier, mon procureur fiscal et mon sénéchal; cela ne
coûtera rien et me fera grand honneur : cette terre m'est destinée, à cause de votre partage.

Si je vois ici le Castellane, je le recevrai fort bien; son nom
et le lieu où il a passé l'été me le rendront considérable. L'affaire de mon président va bien, il se dispose à me donner de
l'argent : voilà une des affaires que j'avais ici. Celle qu'entre-
prend l'abbé de La Vergne est digne de lui : vous me le re-
présentez un fort honnête homme.

Ne voulez-vous point lire les *Essais de morale*[2] et m'en dire
votre avis? Pour moi, j'en suis charmée; mais je le suis fort
aussi de l'oraison funèbre de M. de Turenne; il y a des endroits qui doivent avoir fait pleurer tous les assistants : je ne
doute pas qu'on ne vous l'ait envoyée; mandez-moi si vous ne
la trouvez pas très-belle. Ne voulez-vous point achever *Josèphe*[3]? Nous lisons beaucoup, et du sérieux, et des folies, et

[1] Terre qui appartenait à la maison de Sévigné.
[2] De Nicolle.
Historien juif.

de la fable, et de l'histoire. Nous nous faisons tant d'affaires,
que nous n'avons pas le temps de nous tourner. On nous
plaint à Paris, on croit que nous sommes au coin de notre feu
à mourir d'ennui et à ne pas voir le jour; mais, ma fille, je
me promène, je m'amuse; ces bois n'ont rien d'affreux; ce
n'est pas d'être ici ou de n'être pas à Paris qu'il faut me plaindre. M. de Coulanges espère beaucoup d'une conversation que
sa femme a eue avec M. de Louvois : s'ils avaient l'intendance
de Lyon, conjointement avec le beau-père, ce serait un grand
bonheur. Voilà le monde; ils ne travaillent que pour s'établir
à cent lieues de Paris.

Vous me paraissez avoir bien envie d'aller à Grignan : c'est
un grand tracas; mais vous recevrez mes conseils quand vous
en serez revenue. Ces compliments pour ces deux hommes qui
sont chez eux il y a plus d'un mois m'ont fait rire. La longueur
de nos réponses effraye et fait bien comprendre l'horrible
distance qui est entre nous : ah! ma fille, que je la sens et
qu'elle fait bien toute la tristesse de ma vie! Sans cela, ne se-
rais-je point trop heureuse avec un joli garçon comme celui
que j'ai? Il vous dira lui-même s'il ne souffre pas d'être éloi
gné de vous; mais je l'attends, il n'est point encore arrivé; s'il
se divertit, il est bien. Adieu, ma très-chère et très-aimable et
très-parfaitement aimée. Parlez-moi de votre santé et de votre
beau temps, tout cela me plaît. J'embrasse M. de Grignan,
quand ce serait ce troisième jour de barbe épineuse et cruelle;
on ne peut s'exposer de meilleure grâce.

**DE M. DE SÉVIGNÉ, SOUS LA DICTÉE DE MADAME DE SÉVIGNÉ,
A MADAME DE GRIGNAN.**

Aux Rochers, lundi 3 février 1676.

Devinez ce que c'est, mon enfant, que la chose du monde

qui vient le plus vite, et qui s'en va le plus lentement ; qui
vous fait approcher le plus près de la convalescence, et qui
vous en retire le plus loin ; qui vous fait toucher l'état du
monde le plus agréable, et qui vous empêche le plus d'en
jouir ; qui vous donne les plus belles espérances, et qui en
éloigne le plus l'effet : ne sauriez-vous le deviner ? *jetez-vous*
votre langue aux chiens? C'est un rhumatisme. Il y a vingt-
trois jours que j'en suis malade ; depuis le quatorze je suis sans
fièvre et sans douleurs, et dans cet état bienheureux, croyant
être en état de marcher, qui est tout ce que je souhaite, je me
trouve enflée de tous côtés, les pieds, les jambes, les mains,
les bras ; et cette enflure, qui s'appelle ma guérison, et qui l'est
effectivement, fait tout le sujet de mon impatience, et .ferait
celui de mon mérite, si j'étais bonne. Cependant je crois que
voilà qui est fait, et que dans deux jours je pourrai marcher :
Larmechin[1] me fait espérer, *o che spero !* Je reçois de partout
des lettres de réjouissance sur ma bonne santé, et c'est avec
raison. Je me suis purgée une fois de la poudre de M. de
Lorme[2], qui m'a fait des merveilles ; je m'en vais encore en
reprendre ; c'est le véritable remède pour toutes sortes de
maux : on me promet, après cela, une santé éternelle; Dieu
le veuille ! Le premier pas que je ferai sera d'aller à Paris : je
vous prie donc, ma chère enfant, de calmer vos inquiétudes;
vous voyez que nous vous avons toujours écrit sincèrement.
Avant que de fermer ce paquet, je demanderai à ma grosse
main si elle veut bien que je vous écrive deux mots : je ne
trouve pas qu'elle le veuille ; peut-être qu'elle le voudra dans
deux heures. Adieu, ma très-belle et très-aimable ; je vous con-

---

[1] Valet de chambre, chirurgien du baron de Sévigné.

[2] Charles Delorme avait été médecin de Gaston de France et de Riche-
ieu. Il mourut en 1678, âgé de 94 ans.

jure tous de respecter, avec tremblement, ce qui s'appelle un rhumatisme; il me semble que présentement je n'ai rien de plus important à vous recommander. Voici le *frater* qui peste contre vous depuis huit jours, de vous être opposée, à Paris, au remède de M. de Lorme.

MONSIEUR DE SÉVIGNÉ.

Si ma mère s'était abandonnée au régime de ce bon homme, et qu'elle eût pris tous les mois de sa poudre, comme il le voulait, elle ne serait pas tombée dans cette maladie, qui ne vient que d'une réplétion épouvantable d'humeurs; mais c'était vouloir assassiner ma mère, que de lui conseiller d'en essayer une prise : cependant ce remède si terrible, qui fait trembler en le nommant, qui est composé avec de l'antimoine, qui est une espèce d'émétique, purge beaucoup plus doucement qu'un verre d'eau de fontaine, ne donne pas la moindre tranchée, pas la moindre douleur, et ne fait autre chose que de rendre la tête nette et légère, et capable de faire des vers si on voulait s'y appliquer. Il ne fallait pourtant pas en prendre. Vous moquez-vous, mon frère, de vouloir faire prendre de l'antimoine à ma mère? Il ne faut seulement que du régime, et prendre un petit bouillon de séné tous les mois : voilà ce que vous disiez. Adieu, ma petite sœur : je suis en colère quand je songe que nous aurions pu éviter cette maladie avec ce remède, qui nous rend si vite la santé, quelque chose que l'impatience de ma mère lui fasse dire. Elle s'écrie : O mes enfants, que vous êtes fous de croire qu'une maladie se puisse déranger! Ne faut-il pas que la Providence de Dieu ait son cours? et pouvons-nous faire autre chose que de lui obéir? Voilà qui est fort chrétien; mais prenons toujours, à bon compte, de la poudre de M. de Lorme.

A MADAME DE GRIGNAN.

Aux Rochers, dimanche 22 mars 1676.

Je me porte très-bien; mais pour mes mains, il n'y a ni rime ni raison : je me sers donc de la petite personne pour la dernière fois : c'est la plus aimable enfant du monde; je ne sais ce que j'aurais fait sans elle : elle me lit très-bien ce que je veux ; elle écrit comme vous voyez ; elle m'aime ; elle est complaisante ; elle sait me parler de madame de Grignan ; enfin, je vous prie de l'aimer sur ma parole.

LA PETITE PERSONNE.

Je serais trop heureuse, madame, si cela était : je crois que vous enviez bien le bonheur que j'ai d'être auprès de madame votre mère. Elle a voulu que j'aie écrit tout le bien de moi que vous voyez ; j'en suis assez honteuse, et très-affligée en même temps de son départ.

MADAME DE SÉVIGNÉ CONTINUE.

La petite fille a voulu discourir, et je reviens à vous, ma chère enfant, pour vous dire que, hormis mes mains dont je n'espère la guérison que quand il fera chaud, vous ne devez pas perdre encore l'idée que vous avez de moi : mon visage n'est point changé ; mon esprit et mon humeur ne le sont guère ; je suis maigre, et j'en suis bien aise ; je marche, et je prends l'air avec plaisir ; et si l'on me veille encore, c'est parce je ne puis me tourner toute seule dans mon lit ; mais je ne laisse pas de dormir. Je vous avoue bien que c'est une incommodité, et je la sens un peu. Mais enfin, ma fille, il faut souffrir ce qu'il plaît à Dieu, et trouver encore que je suis bien heureuse d'en être sortie ; car vous savez quelle bête c'est qu'un rhumatisme ? Quant à la question que vous me faites, je vous dirai le vers de Médée :

> C'est ainsi qu'en partant je vous fais mes adieux.

Je suis persuadée qu'ils sont faits ; et l'on dit que je vais reprendre le fil de ma belle santé ; je le souhaite pour l'amour de vous, ma très-chère, puisque vous l'aimez tant ; je ne serai pas trop fâchée aussi de vous plaire en cette occasion. La bonne princesse est venue me voir aujourd'hui : elle m'a demandé si j'avais eu de vos nouvelles : j'aurais bien voulu lui présenter une réponse de votre part ; l'oisiveté de la campagne rend attentive à ces sortes de choses ; j'ai rougi de ma pensée, elle en a rougi aussi : je voudrais qu'à cause de l'amitié que vous avez pour moi, vous eussiez payé plus tôt cette dette. La princesse s'en va mercredi, à cause de la mort de M. de Valois : et moi je pars mardi pour coucher à Laval. Je ne vous écrirai point mercredi, n'en soyez point en peine. Je vous écrirai de Malicorne, où je me reposerai deux jours. Je commence déjà à regretter mon petit secrétaire. Vous voilà assez bien instruite de ma santé ; je vous conjure de n'en être plus en peine, et de songer à la vôtre. Vous qui prêchez si bien les autres, deviez-vous faire mal à vos petits yeux, à force d'écrire ? La maladie de Montgobert en est cause, je lui souhaite une bonne santé, et je sens le chagrin que vous devez avoir de l'état où elle est. Je suis ravie que le petit enfant se porte bien : Villebrune dit qu'il vivra fort bien à huit mois, c'est-à-dire huit lunes passées.

Vous croyez que nous avons ici un mauvais temps : nous avons le temps de Provence; mais ce qui m'étonne, c'est que vous ayez le temps de Bretagne. Je jugeais que vous l'aviez cent fois plus beau, comme vous croyiez que nous l'avions cent fois plus vilain. J'ai bien profité de cette belle saison, dans la pensée que nous aurions l'hiver dans le mois d'avril et de mai, de sorte que c'est l'hiver que je m'en vais passer à Paris. Au reste, si vous m'aviez vue faire la malade et la délicate dans ma robe de chambre, dans ma grande chaise avec des oreillers, et coiffée de nuit, de bonne foi, vous ne reconnaîtriez pas cette personne qui se coiffait en toupet, qui mettait son busc entre sa chair et sa chemise, et qui ne s'asseyait que sur la pointe des sièges pliants : voilà sur quoi je suis changée. J'oubliais de vous dire que notre oncle de Sévigné est mort [1]. Madame de La Fayette commence présentement à hériter de sa mère [2]. M. du Plessis-Guénégaud est mort aussi; vous savez ce qu'il vous faut faire à sa femme.

Corbinelli dit que je n'ai point d'esprit quand je dicte; et sur cela il ne m'écrit plus. Je crois qu'il a raison; je trouve mon style lâche; mais soyez plus généreuse, ma fille, et continuez à me consoler de vos aimables lettres. Je pars mardi, les chemins sont comme en été, mais nous avons une bise qui tue mes mains : il me faut du chaud, les sueurs ne font rien; je me porte très-bien du reste; et c'est une chose plaisante de voir une femme avec un très-bon visage, que l'on fait manger comme un enfant : on s'accoutume aux incommodités. J'ai donné ordre pour trouver de vos lettres à Malicorne. J'embrasse le comte, je le prie de m'embrasser. Je suis entièrement à vous, et le bon abbé aussi, qui compte et calcule depuis le matin jusqu'au soir, sans rien amasser, tant cette province a été dégraissée.

A MADAME DE GRIGNAN.

A Paris, mercredi 15 avril 1676.

Je suis bien triste, ma mignonne; le pauvre petit compère vient de partir. Il a tellement les petites vertus qui font l'agrément de la société, que quand je ne le regretterais que comme mon voisin, j'en serais fâchée. Il m'a priée mille fois de vous embrasser, et de vous dire qu'il a oublié de vous parler de l'histoire de votre Protée, tantôt galérien, et tantôt capucin; elle l'a fort réjoui. Voilà Beaulieu [3], qui vient de le voir

---

[1] Renaud de Sévigné, mort à Port-Royal le 16 mars 1676
[2] La mère de madame de La Fayette s'était remariée en secondes noces à Renauld, chevalier de Sévigné.
[3] Valet de chambre de madame de Sévigné

monter gaiement en carrosse avec Broglie et deux autres; il n'a point voulu le quitter qu'il ne *l'ait vu pendu*. Je ne sors point, il fait un vent qui empêche la guérison de mes mains; elles écrivent pourtant mieux, comme vous voyez. Je me tourne la nuit sur le côté gauche; je mange de la main gauche. Voilà bien du gauche. Mon visage n'est quasi pas changé; vous trouveriez fort aisément que vous avez vu *ce chien de visage-là quelque part* : c'est que je n'ai point été saignée, et que je n'ai qu'à me guérir de mon mal, et non pas des remèdes.

J'irai à Vichy; on me dégoûte de Bourbon, à cause de l'air. La maréchale d'Estrées veut que j'aille à Vichy : c'est un pays délicieux. Je vous ai mandé sur cela tout ce que j'ai pensé : ou venir ici avec moi, ou rien; car quinze jours ne feraient que troubler mes maux, par la vue de la séparation; ce serait une peine et une dépense ridicule. Vous savez comme mon cœur est pour vous, et si j'aime à vous voir; c'est à vous à prendre vos mesures. Je voudrais que vous eussiez déjà conclu le marché de votre terre; puisque cela vous est bon. M. de Pomponne me dit qu'il venait d'en faire un marquisat; je l'ai prié de vous faire ducs; il m'assura de sa diligence à dresser les lettres, et même de la joie qu'il en aurait : voilà déjà une assez grande avance. Je suis ravie de la santé des *Pichons;* le *petit petit,* c'est-à-dire le *gros gros* est un enfant admirable; je l'aime trop d'avoir voulu vivre contre vent et marée. Je ne puis oublier la *petite*, je crois que vous réglerez de la mettre à Sainte-Marie, selon les résolutions que vous prendrez pour cet été; c'est cela qui décide. Vous me paraissez bien pleinement satisfaite des dévotions de la semaine sainte et du jubilé : vous avez été en retraite dans votre château. Pour moi, ma chère, je n'ai rien senti que par mes pensées, nul objet n'a frappé mes sens, et j'ai mangé de la viande jusqu'au vendredi saint : j'avais seule-

ment la consolation d'être fort loin de toute occasion de pê-
cher. J'ai dit à La Mousse votre souvenir ; il vous conseille de
faire vos choux gras vous-même de cet homme à qui vous
trouvez de l'esprit. Adieu, ma chère enfant.

A MADAME DE GRIGNAN.

A Vichy, lundi au soir 1er juin 1676.

Allez vous promener, madame la comtesse, de venir me
proposer de ne vous point écrire ; apprenez que c'est ma joie,
et le plus grand plaisir que j'aie ici. Voilà un plaisant régime
que vous me proposez ! laissez-moi conduire cette envie en
toute liberté, puisque je suis si contrainte sur les autres choses que je voudrais faire pour vous ; et ne vous avisez pas de
rien retrancher de vos lettres : je prends mon temps ; la manière dont vous vous intéressez à ma santé m'empêche bien de
vouloir y faire la moindre altération. Vos réflexions sur les
sacrifices que l'on fait à la raison sont fort justes dans l'état
où nous sommes ; il est bien vrai que le seul amour de Dieu
peut nous rendre heureux en ce monde et en l'autre, il y a
très-longtemps qu'on le dit : mais vous y avez donné un tour
qui m'a frappée.

C'est un beau sujet de méditation que la mort d'un maréchal de Rochefort : un ambitieux dont l'ambition est satisfaite,
mourir à quarante ans ! c'est quelque chose de bien déplora-
ble. Il a prié, en mourant, la comtesse de Guiche de venir
reprendre sa femme à Nancy, et lui laisse le soin de la consoler. Je trouve qu'elle perd par tant de côtés, que je ne crois
pas que ce soit une chose aisée. Voilà une lettre de madame
de La Fayette, qui vous divertira. Madame de Brissac était venue
ici pour une certaine colique ; elle ne s'en est pas bien trouvée : elle est partie aujourd'hui de chez Bayard, après y avoir

brillé, et dansé, et fricassé chair et poisson. Le *chanoine* (*madame de Longueval*) m'a écrit ; je la connais, et le moyen de lui plaire, c'est de ne lui rien demander. Madame de Brissac et elle forment le plus bel assortiment de feu et d'eau que j'aie jamais vu. Je voudrais voir cette duchesse faire main-basse dans votre place des Prêcheurs, sans aucune considération de qualité ni d'âge ; cela passe tout ce que l'on peut croire. Vous êtes une plaisante idole ; sachez qu'elle trouverait fort bien à vivre où vous mourriez de faim.

Mais parlons de la charmante douche ; je vous en ai fait la description : j'en suis à la quatrième : j'irai jusqu'à huit. Mes sueurs sont si extrêmes, que je perce jusqu'à mes matelas : je pense que c'est toute l'eau que j'ai bue depuis que je suis au monde. Quand on entre dans ce lit, il est vrai qu'on n'en peut plus ; la tête et tout le corps sont en mouvement, tous les esprits en campagne, des battements partout. Je suis une heure sans ouvrir la bouche, pendant laquelle la sueur commence, et continue deux heures durant ; et de peur de m'impatienter, je fais lire mon médecin, qui me plaît : il vous plairait aussi. Je lui mets dans la tête d'apprendre la philosophie de votre *père* Descartes ; je ramasse des mots que je vous ai ouï dire. Il sait vivre, il n'est point charlatan ; il traite la médecine en galant homme ; enfin il m'amuse. Je vais être seule, et j'en suis fort aise : pourvu qu'on ne m'ôte pas le pays charmant, la rivière d'Allier, mille petits bois, des ruisseaux, des prairies, des moutons, des chèvres, des paysannes qui dansent la bourrée dans les champs, je consens de dire adieu à tout le reste ; le pays seul me guérirait. Les sueurs, qui affaiblissent tout le monde, me donnent de la force, et me font voir que ma faiblesse venait des superfluités que j'avais encore dans le corps. Mes genoux se portent bien mieux : mes mains ne veulent pas

encore, mais elles le voudront avec le temps. Je boirai encore
huit jours, du jour de la Fête-Dieu, et puis je penserai avec
douleur à m'éloigner de vous. Il est vrai que ce m'eût été une
joie bien sensible de vous avoir ici uniquement à moi ; vous y
avez mis une clause de retourner chacun chez soi, qui m'a fait
transir : n'en parlons plus, ma chère enfant ; voilà qui est fait.
Songez à faire vos efforts pour venir me voir cet hiver : en
vérité, je crois que vous devez en avoir quelque envie, et que
M. de Grignan doit souhaiter que vous me donniez cette satis-
faction. J'ai à vous dire que vous faites tort à ces eaux de les
croire noires ; pour noires, non ; pour chaudes, oui. Les Provençaux s'accommoderaient mal de cette boisson : mais qu'on
mette une herbe ou une fleur dans cette eau bouillante, elle
en sort aussi fraîche que lorsqu'on la cueille ; et, au lieu de
griller et de rendre la peau rude, cette eau la rend douce et
unie : raisonnez là-dessus. Adieu, ma chère enfant ; s'il faut,
pour profiter des eaux, ne guère aimer sa fille, j'y renonce. Vous me mandez des choses trop aimables, et vous
l'êtes trop aussi quand vous voulez. N'est-il pas vrai, monsieur le comte, que vous êtes heureux de l'avoir ? et quel présent vous ai-je fait !

A MADAME DE GRIGNAN.

Vendredi, 12 juin 1676, à midi.

Je viens de la fontaine, c'est-à-dire à neuf heures, et j'ai
rendu mes eaux : ainsi, ma très-aimable belle, ne soyez point
fâchée que je fasse une légère réponse à votre lettre ; au nom
de Dieu, fiez-vous à moi, et riez, riez sur ma parole ; je ris
aussi quand je puis. Je suis un peu troublée de l'envie d'aller
à Grignan, où je n'irai pas. Vous me faites un plan de cet été
et de cet automne, qui me plaît et qui me convient. Je serais

aux noces de M. de La Garde, j'y tiendrais ma place, j'aiderais à vous venger de Livry; je chanterais : *Le plus sage s'entête et s'engage sans savoir comment.* Enfin Grignan et tous ses habitants me tiennent au cœur. Je vous assure que je fais un acte généreux et très-généreux de m'éloigner de vous.

Que je vous aime de vous souvenir si à propos de nos *Essais de morale*! je les aime et les admire. Il est vrai que le *moi* de M. de La Garde va se multiplier : tant mieux, tout est bon. Je le trouve toujours à mon gré, comme à Paris. Je n'ai point eu de curiosité de questionner sur le sujet de sa femme. Vous souvient-il de ce que je contais un jour à Corbinelli, qu'un certain homme épousait une femme? Voilà, me dit-il, un beau bétail. Je m'en suis contentée en cette occasion, persuadée que, si j'avais connu son nom, vous me l'auriez nommée. Vos dames de Montélimart sont assez bonnes à *moufler* avec leur carton doré. Je reviens à ma santé, elle est très-admirable ; les eaux m'ont extrêmement purgée ; et, au lieu de m'affaiblir, elles m'ont fortifiée. Je marche tout comme une autre; je crains de rengraisser, voilà mon inquiétude; car j'aime à être comme je suis. Mes mains ne se ferment pas, voilà tout; le chaud fera mon affaire. On veut m'envoyer au Mont-d'Or, je ne veux pas. Je mange présentement de tout, c'est-à-dire je le pourrai, quand je ne prendrai plus les eaux. Je me suis mieux trouvée de Vichy que personne, et bien des gens pourraient dire :

> Ce bain si chaud, tant de fois éprouvé,
> M'a laissé comme il m'a trouvé.

Pour moi, je mentirais; car il s'en faut si peu que je ne fasse de mes mains comme les autres, qu'en vérité ce n'est pas la peine de se plaindre. Passez donc votre été gaiement, ma très-chère; je voudrais bien vous envoyer pour la noce deux filles et deux garçons qui sont ici, avec le tambour de basque, pour vous faire voir cette bourrée. Enfin *les Bohémiens* sont fades en comparaison. Je suis sensible à la parfaite bonne grâce : vous souvient-il quand vous me faisiez rougir les yeux, à force de bien danser? Je vous assure que cette bourrée dansée, sautée, coulée naturellement, et dans une justesse surprenante, vous divertirait. Je m'en vais penser à ma lettre pour M. de La Garde. Je pars demain d'ici; j'irai me purger et me reposer un peu chez Bayard, et puis à Moulins, et puis m'éloigner toujours de ce que j'aime passionnément, jusqu'à ce que vous fassiez les pas nécessaires pour redonner la joie et la santé à mon cœur et à mon corps, qui prennent beaucoup de part, comme vous le savez, à ce qui touche l'un ou l'autre. Parlez-moi de vos balcons, de votre terrasse, des meubles de ma chambre, et enfin toujours de vous; ce *vous* m'est plus cher que mon *moi*, et cela revient toujours à la même chose.

A MADAME DE GRIGNAN.

A Paris, vendredi 17 juillet 1676.

Enfin c'en est fait, la Brinvilliers [1] est en l'air : son pauvre petit corps a été jeté, après l'exécution, dans un fort grand feu, et ses cendres au vent; de sorte que nous la respirerons, et que, par la communication des petits esprits, il nous prendra quelque humeur empoisonnante, dont nous serons tout étonnés. Elle fut jugée dès hier; ce matin on lui a lu son arrêt, qui était de faire amende honorable à Notre-Dame, et d'avoir la tête coupée, son corps brûlé, les cendres au vent. On l'a présentée à la question; elle a dit qu'il n'en était pas besoin, et qu'elle dirait tout : en effet, jusqu'à cinq heures du soir, elle

---

[1] La marquise de Brinvilliers, convaincue de plusieurs empoisonnements, fut brûlée en place de Grève.

a conté sa vie, encore plus épouvantable qu'on ne pensait. **Elle**
a empoisonné dix fois de suite son père (elle ne pouvait en venir à bout), ses frères et plusieurs autres. Elle n'a rien dit
contre Penautier. On n'a pas laissé, après cette confession, de
lui donner dès le matin la question ordinaire et extraordinaire; elle n'en a pas dit davantage : elle a demandé à parler à
M. le procureur général; elle a été une heure avec lui : on ne
sait point encore le sujet de cette conversation. A six heures,
on l'a menée nue en chemise, la corde au cou, à Notre-Dame,
faire l'amende honorable; et puis on l'a remise dans le même
tombereau, où je l'ai vue, jetée à reculons sur de la paille,
avec une cornette basse et sa chemise, un docteur auprès
d'elle, le bourreau de l'autre côté : en vérité, cela m'a fait frémir. Ceux qui ont vu l'exécution disent qu'elle est montée sur
l'échafaud avec bien du courage. Pour moi, j'étais sur le pont
Notre-Dame avec la bonne d'Escars; jamais il ne s'est vu tant
de monde, jamais Paris n'a été si ému ni si attentif; et qu'on
demande ce que bien des gens ont vu, ils n'ont vu, comme
moi, qu'une cornette; mais enfin ce jour était consacré à
cette tragédie. J'en saurai demain davantage, et cela vous reviendra.

A MADAME DE GRIGNAN.

A Paris, mercredi 29 juillet 1676.

Voici un changement de scène qui vous paraîtra aussi agréable qu'à tout le monde. Je fus samedi à Versailles avec les Villars : voici comme cela va. Vous connaissez la toilette de la
reine, la messe, le dîner; mais il n'est plus besoin de se faire
étouffer pendant que Leurs Majestés sont à table; car à trois
heures le roi, la reine, MONSIEUR, MADAME, MADEMOISELLE, tout
ce qu'il y a de princes et de princesses, madame de Montes-

pan, toute sa suite, tous les courtisans, toutes les dames, enfin ce qui s'appelle la Cour de France, se trouve dans ce bel appartement du roi que vous connaissez. Tout est meublé divinement, tout est magnifique. On ne sait ce que c'est que d'y avoir chaud; on passe d'un lieu à l'autre sans faire la presse nulle part. Un jeu de reversi donne la forme et fixe tout. Le roi est auprès de madame de Montespan, qui tient la carte; Monsieur, la reine et madame de Soubise; Dangeau et compagnie; Langlée et compagnie; mille louis sont répandus sur le tapis, il n'y a point d'autres jetons. Je voyais jouer Dangeau, et j'admirais combien nous sommes sots au jeu auprès de lui. Il ne songe qu'à son affaire et gagne où les autres perdent; il ne néglige rien, il profite de tout, il n'est point distrait : en un mot, sa bonne conduite défie la fortune; aussi les deux cent mille francs en dix jours, les cent mille écus en un mois, tout cela se met sur le livre de sa recette. Il dit que je prenais part à son jeu, de sorte que je fus assise très-agréablement et très-commodément. Je saluai le roi, ainsi que vous me l'avez appris; il me rendit mon salut, comme si j'avais été jeune et belle. La reine me parla aussi longtemps de ma maladie que si c'eût été une couche. Elle me dit encore quelques mots de vous. M. le Duc me fit mille de ces caresses à quoi il ne pense pas. Le maréchal de Lorges m'attaqua sous le nom du chevalier de Grignan, enfin *tutti quanti*. Vous savez ce que c'est que de recevoir un mot de tout ce que l'on trouve en son chemin. Madame de Montespan me parla de Bourbon, elle me pria de lui conter Vichy, et comment je m'en étais trouvée; elle me dit que Bourbon, au lieu de guérir un genou, lui a fait mal aux deux. Je lui trouvai le dos bien plat, comme disait la maréchale de La Meilleraie; mais, sérieusement, c'est une chose surprenante que sa beauté; sa taille n'est pas de la moitié si grosse qu'elle était, sans que son teint, ni ses yeux, ni ses lèvres, en soient moins bien. Elle était tout habillée de point de France; coiffée de mille boucles; les deux des tempes lui tombent fort bas sur les joues; des rubans noirs sur sa tête, des perles de la maréchale de Lhôpital, embellies de boucles et de pendeloques de diamants de la dernière beauté, trois ou quatre poinçons, point de coiffe : en un mot, une triomphante beauté à faire admirer à tous les ambassadeurs. Elle a su qu'on se plaignait qu'elle empêchait toute la France de voir le roi; elle l'a redonné, comme vous voyez, et vous ne sauriez croire la joie que tout le monde en a, ni de quelle beauté cela rend la cour. Cette agréable confusion, sans confusion, de tout ce qu'il y a de plus choisi, dure depuis trois heures jusqu'à six. S'il vient des courriers, le roi se retire un moment pour lire ses lettres, et puis revient. Il y a toujours quelque musique qu'il écoute, et qui fait un très-bon effet. Il cause avec les dames qui ont accoutumé d'avoir cet honneur. Enfin on quitte le jeu à six heures. On monte en calèche, le roi, madame de Montespan, Monsieur, madame de Thianges et la bonne d'Heudicourt sur le trapontin, c'est-à-dire comme en paradis, ou dans *la gloire de Niquée*. Vous savez comme ces calèches sont faites; on ne se regarde point, on est tourné du même côté. La reine était dans une autre avec les princesses, et ensuite tout le monde attroupé, selon sa fantaisie. On va sur le canal dans des gondoles, on y trouve de la musique, on revient à dix heures, on trouve la comédie; minuit sonne, on fait *media noche;* voilà comme se passa le samedi.

De vous dire combien de fois on me parla de vous, combien on me demanda de vos nouvelles, combien on me fit de questions sans attendre la réponse, combien j'en épargnai, combien on s'en souciait peu, combien je m'en souciais encore moins, vous reconnaîtriez au naturel l'*iniqua corte*. Cependant elle ne fut jamais si agréable, et l'on souhaite fort que cela continue. Madame de Nevers est fort jolie, fort modeste, fort naïve ; sa beauté fait souvenir de vous; M. de Nevers est toujours le même, sa femme l'aime de passion. Mademoiselle de Thianges est plus régulièrement belle que sa sœur, et beaucoup moins charmante. M. du Maine est incomparable; son esprit étonne, et les choses qu'il dit ne se peuvent imaginer. Madame de Maintenon, madame de Thianges, *Guelfes* et *Gibelins*, songez que tout est rassemblé. Madame me fit mille honnêtetés, à cause de la bonne princesse de Tarente. Madame de Monaco était à Paris.

M. le Prince fut voir l'autre jour madame de La Fayette; ce prince, *alla cui spada ogni vittoria è certa*[1]. Le moyen de n'être pas flatté d'une telle estime, et d'autant plus qu'il ne la jette pas à la tête des dames? Il parle de la guerre, il attend des nouvelles comme les autres. On tremble un peu de celles d'Allemagne. On dit pourtant que le Rhin est tellement enflé des neiges qui fondent des montagnes, que les ennemis sont plus embarrassés que nous. Rambures a été tué par un de ses soldats, qui déchargeait très-innocemment son mousquet. Le siége d'Aire continue; nous y avons perdu quelques lieutenants aux gardes et quelques soldats. L'armée de Schomberg est en pleine sûreté. Madame de Schomberg s'est remise à m'aimer, le baron en profite par les caresses excessives de son général. *Le petit glorieux* n'a pas plus d'affaires que les autres; il pourra s'ennuyer; mais, s'il a besoin d'une contusion, il faudra qu'il se la fasse lui-même : Dieu les conserve dans cette oisiveté ! Voilà, ma très-chère, d'épouvantables détails : ou ils vous en-

---

[1] Vers du Tasse. « Dont l'épée enchaîne la victoire. »

nuieront beaucoup, ou ils vous amuseront; ils ne peuvent point être indifférents. Je souhaite que vous soyez dans cette humeur où vous me dites quelquefois : « Mais vous ne voulez pas me parler; mais j'admire ma mère, qui aimerait mieux mourir que de me dire un seul mot. » Oh! si vous n'êtes pas contente, ce n'est pas ma faute; non plus que la vôtre, si je ne l'ai pas été de la mort de Ruyter. Il y a des endroits dans vos lettres qui sont divins. Vous me parlez très-bien du mariage, il n'y a rien de mieux; le jugement domine, mais c'est un peu tard. Conservez-moi dans les bonnes grâces de M. de La Garde, et toujours des amitiés pour moi à M. de Grignan. La justesse de nos pensées sur votre départ renouvelle notre amitié.

Vous trouvez que ma plume est toujours taillée pour dire des merveilles du grand maître, je ne le nie pas absolument : il est vrai que je croyais m'être moquée de lui en vous disant l'envie qu'il a de parvenir, et comme il veut être maréchal de France *à la rigueur*, comme du temps passé; mais c'est que vous m'en voulez sur ce sujet : le monde est bien injuste.

Il l'a bien été aussi pour la Brinvilliers; jamais tant de crimes n'ont été traités si doucement : elle n'a pas eu la question; on avait si peur qu'elle ne parlât, qu'on lui faisait entrevoir une grâce, et si entrevoir, qu'elle ne croyait point mourir; elle dit en montant sur l'échafaud : *C'est donc tout de bon?* Enfin elle est au vent. Rien n'est si plaisant que tout ce que vous dites sur cette horrible femme. Je crois que vous avez contentement; car il n'est pas possible qu'elle soit en paradis, sa vilaine âme doit être séparée des autres. Assassiner est le plus sûr; nous sommes de votre avis; c'est une bagatelle en comparaison d'être huit mois à tuer son père, et à recevoir toutes ses caresses et toutes ses douceurs, à quoi elle ne répondait qu'en doublant toujours la dose.

Adieu, ma très-aimable et très-aimée; vous me priez de vous aimer; ah! vraiment je le veux bien : il ne sera pas dit que je vous refuse quelque chose.

A MADAME DE GRIGNAN.

A Livry, mercredi 25 novembre 1676.

Je me promène dans cette avenue, je vois venir un courrier. Qui est-ce? c'est Pomier; ah! vraiment, voilà qui est agréable. — Et quand viendra ma fille? — Madame, elle doit être partie présentement. — Venez donc que je vous embrasse. Et votre don de l'assemblée? — Madame, il est accordé. — A combien? — A huit cent mille francs. Voilà qui est fort bien; notre pressoir est bon, il n'y a rien à craindre, il n'y a qu'à serrer, notre corde est bonne. Enfin j'ouvre votre lettre, et je vois un détail qui me ravit. Je reconnais aisément les deux caractères, et je vois enfin que vous partez. Je ne vous dis rien sur la parfaite joie que j'en ai. Je vais demain à Paris avec mon fils; il n'y a plus de danger pour lui. J'écris un mot à M. de Pomponne pour lui présenter notre courrier. Vous êtes en chemin par un temps admirable, mais je crains la gelée. Je vous enverrai un carrosse où vous voudrez. Je vais renvoyer Pomier, afin qu'il aille ce soir à Versailles, c'est-à-dire à Saint-Germain. J'étrangle tout, car le temps me presse. Je me porte fort bien; je vous embrasse mille fois, et le *frater* aussi [1].

A MADAME DE GRIGNAN.

A Paris. mardi 8 juin 1677.

Non, ma fille, je ne vous dis rien, rien du tout; vous ne savez que trop ce que mon cœur est pour vous : mais puis-je

---

[1] Madame de Grignan arriva à Paris le 22 décembre 1676, et elle ne retourna en Provence qu'au mois de juin 1677.

vous cacher tout à fait l'inquiétude que me donne votre santé?
c'est un endroit par où je n'avais pas encore été blessée : cette
première épreuve n'est pas mauvaise ; je vous plains d'avoir
le même mal pour moi ; mais plût à Dieu que je n'eusse pas
plus de sujet de craindre que vous ! Ce qui me console, c'est
l'assurance que M. de Grignan m'a donnée de ne point pousser
à bout votre courage : il est chargé d'une vie où tient absolument la mienne : ce n'est pas une raison pour lui faire aug-
menter ses soins ; celle de l'amitié qu'il a pour vous est la plus
forte. C'est aussi dans cette confiance, mon très-cher comte,
que je vous recommande encore ma fille : observez-la bien,
parlez à Montgobert, entendez-vous ensemble pour une affaire
si importante. Je compte fort sur vous, ma chère Montgobert.
Ah ! ma chère enfant, tous les soins de ceux qui sont autour
de vous ne vous manqueront pas ; mais ils vous seront bien inutiles, si vous ne vous gouvernez vous-même. Vous vous sentez
mieux que personne ; et si vous trouvez que vous ayez assez
de force pour aller à Grignan, et que tout d'un coup vous trouviez que vous n'en avez pas assez pour revenir à Paris ; si enfin
les médecins de ce pays-là, qui ne voudront pas que l'honneur de vous guérir leur échappe, vous mettent au point d'être
plus épuisée que vous ne l'êtes ; ah! ne croyez pas que je
puisse résister à cette douleur. Mais je veux espérer qu'à notre
honte tout ira bien. Je ne me soucierai guère de l'affront que
vous ferez à l'air natal, pourvu que vous soyez dans un meilleur état. Je suis chez la bonne Troche, dont l'amitié est charmante ; nulle autre ne m'était propre ; je vous écrirai encore
demain un mot ; ne m'ôtez point cette unique consolation. J'ai
bien envie de savoir de vos nouvelles ; pour moi je suis en parfaite santé, les larmes ne me font point de mal. J'ai dîné, je
m'en vais chercher madame de Vins et mademoiselle de Méri.

Adieu, mes chers enfants : que cette calèche que j'ai vue partir est bien précisément ce qui m'occupe, et le sujet de toutes mes pensées !

A MADAME DE GRIGNAN.

A Livry, vendredi 16 juillet 1677.

J'arrivai hier au soir ici, ma très-chère : il y fait parfaitement beau ; j'y suis seule, et dans une paix, un silence, un loisir dont je suis ravie. Ne voulez-vous pas bien que je me divertisse à causer un peu avec vous ? Songez que je n'ai nul commerce qu'avec vous ; quand j'ai écrit en Provence, j'ai tout écrit. Je ne crois pas, en effet, que vous eussiez la cruauté de nommer un commerce une lettre en huit jours à madame de Lavardin. Les lettres d'affaires ne sont ni fréquentes ni longues. Mais vous, mon enfant, vous êtes en butte à dix ou douze personnes qui sont à peu près ces cœurs dont vous êtes uniquement adorée, et que je vous ai vue compter sur vos doigts. Ils n'ont tous qu'une lettre à écrire, et il en faut douze pour y faire réponse ; voyez ce que c'est par semaine, et si vous n'êtes pas tuée, assassinée ; chacun en disant : Pour moi, je ne veux pas de réponse, seulement trois lignes pour savoir comment elle se porte. Voilà le langage ; et de moi la première : enfin, nous vous assommons ; mais c'est avec toute l'honnêteté et la politesse de l'homme de la comédie, qui donne des coups de bâton avec un visage gracieux, en demandant pardon, et disant, avec une grande révérence : « Monsieur, vous le voulez « donc, j'en suis au désespoir [1]. » Cette application est juste et trop aisée à faire, je n'en dirai pas davantage.

Mercredi au soir, après vous avoir écrit, je fus priée, avec

---

[1] *Voyez* le *Mariage forcé*, comédie de Molière, scène xvi.

toutes sortes d'amitiés, d'aller souper chez Gourville avec mesdames de Schomberg, de Frontenac, de Coulanges, M. le Duc, MM. de La Rochefoucauld, Barillon, Briole, Coulanges, Sévigné. Le maître du logis nous reçut dans un lieu nouvellement rebâti, le jardin de plain-pied de l'hôtel de Condé[1], des jets d'eau, des cabinets, des allées en terrasses, six hautbois dans un coin, six violons dans un autre, des flûtes douces un peu plus près, un souper enchanté, une basse de viole admirable, une lune qui fut témoin de tout. Si vous ne haïssiez point à vous divertir, vous regretteriez de n'avoir point été avec nous. Il est vrai que le même inconvénient du jour que vous y étiez arriva et arrivera toujours, c'est-à-dire qu'on assemble une très-bonne compagnie pour se taire, et à condition de ne pas dire un mot : Barillon, Sévigné et moi nous en rîmes, et nous pensâmes à vous. Le lendemain, qui était jeudi, j'allai au palais, et je fis si bien (le bon abbé le dit ainsi), que j'obtins une petite injustice, après en avoir souffert beaucoup de grandes, par laquelle je toucherai deux cents louis, en attennant sept cents autres que je devrais avoir il y a huit mois, et qu'on dit que j'aurai cet hiver. Après cette misérable petite expédition, je vins le soir ici me reposer et me voilà résolue d'y demeurer jusqu'au 8 du mois prochain, qu'il faudra m'aller préparer pour aller en Bourgogne et à Vichy. J'irai peut-être dîner quelquefois à Paris : madame de La Fayette se porte mieux. J'irai à Pomponne demain ; le grand d'Hacqueville y est dès hier, je le ramènerai ici.

Je voudrais, ma fille, que vous eussiez un précepteur pour votre enfant ; c'est dommage de laisser son esprit *inculto*. Je

---

Cet hôtel existait à la place où l'on a construit le théâtre de l'Odéon et les rues adjacentes, dont l'une conserve le nom de *Condé*.

ne sais s'il n'est pas encore trop jeune pour le laisser manger
de tout ; il faut examiner si les enfants sont des charretiers,
avant que de les traiter comme des charretiers : on court
risque autrement de leur faire de pernicieux estomacs, et cela
tire à conséquence.

AU COMTE DE BUSSY.

A Livry, ce 23 août 1678.

Où est donc votre fils, mon cousin ? pour le mien il ne
mourra jamais, puisqu'il n'a pas été tué dix ou douze fois auprès de Mons. La paix étant faite et signée le 9 août, M. le
prince d'Orange a voulu se donner le divertissement de ce
tournoi. Vous savez qu'il n'y a pas eu moins de sang répandu
qu'à Senef. Le lendemain du combat, il envoya faire ses excuses à M. de Luxembourg, et lui manda que s'il lui avait fait
savoir que la paix était signée, il se serait bien gardé de le com-
battre. Cela ne vous paraît-il pas ressembler à l'homme qui se
bat en duel à la comédie, et qui demande pardon à tous les
coups qu'il donne dans le corps de son ennemi ?

Les principaux officiers des deux partis prirent donc dans
une conférence un air de paix, et convinrent de faire entrer
du secours dans Mons. Mon fils était à cette entrevue romanesque. Le marquis de Grana demanda à M. de Luxembourg
qui était un escadron qui avait soutenu, deux heures durant,
le feu de neuf de ses canons, qui tiraient sans cesse pour se
rendre maîtres de la batterie que mon fils soutenait. M. de
Luxembourg lui dit que c'étaient les gendarmes-Dauphin, et
que M. de Sévigné, qu'il lui montra là présent, était à leur
tête. Vous comprenez tout ce qui lui fut dit d'agréable, et combien, en pareille rencontre, on se trouve payé de sa patience. Il
est vrai qu'elle fut grande ; il eut quarante de ses gendarmes

tués derrière lui. Je ne comprends pas comment on peut revenir de ces occasions si chaudes et si longues, où l'on n'a
qu'une immutabilité qui nous fait voir la mort mille fois plus
horrible que quand on est ans l'action, et qu'on s'occupe à
battre et à se défendre.

Voilà l'aventure de mon pauvre fils; et c'est ainsi que l'on
en usa le propre jour que la paix commença. C'est comme
cela qu'on pourrait dire de lui plus justement qu'on ne disait
de Dangeau : Si la paix dure dix ans, il sera maréchal de
France.

AU COMTE DE BUSSY.

Paris, ce 18 décembre 1678.

O gens heureux! ô demi-dieux! si vous êtes au-dessus de la
rage de la bassette, si vous vous possédez vous-mêmes, si vous
prenez le temps comme Dieu l'envoie, si vous regardez votre
exil comme une pièce attachée à l'ordre de la Providence, si
vous ne retournez point sur le passé pour vous repentir de ce
que vous fîtes il y a trente ans, si vous êtes au-dessus de l'ambition et de l'avarice; enfin, ô gens heureux! ô demi-dieux! si
vous êtes toujours comme je vous ai vus, et si vous passez paisiblement votre hiver à Autun avec la bonne compagnie que
vous me marquez. Notre ami Corbinelli vous écrit dans ma
lettre. M. le cardinal de Retz, le plus généreux et le plus noble
prélat du monde, a voulu lui donner une marque de son amitié et de son estime. Il le reconnaît pour son allié[1]; mais bien
plus pour un homme aimable et fort malheureux. Il a trouvé
du plaisir à le tirer d'un état où M. de Vardes l'a laissé, après
tant de souffrances pour lui, et tant de services importants; et

---

[1] Antoine de Gondi avait épousé, en 1663, Madeleine de Corbinelli

enfin il lui porta avant-hier deux cents pistoles pour une année
de la pension qu'il lui veut donner. Il y a longtemps que je
n'ai eu une joie si sensible. La sienne est beaucoup moindre;
il n'y a que sa reconnaissance qui soit infinie; sa philosophie
n'en est pas ébranlée; et comme je sais que vous l'aimez, je
suis assurée que vous serez aussi aise que moi.

Pour revenir à la bassette, c'est une chose qui ne se peut
représenter. On y perd fort bien cent mille pistoles en un soir.
Pour moi, je trouve que passé ce qui se peut jouer d'argent
comptant, le reste est dans les idées, et se joue au racquit,
comme font les petits enfants. Le roi paraît fâché de cet excès. Monsieur a mis toutes ses pierreries en gage. Vous aurez
appris que la paix d'Espagne est ratifiée; je crois que celle
d'Allemagne suivra bientôt.

La pauvre belle comtesse est si pénétrée de ce grand froid,
qu'elle m'a priée de vous faire ses excuses, et de vous assurer
de ses véritables et sincères amitiés, et à madame de Coligny.
Sa poitrine, son encre, sa plume, ses pensées, tout est gelé.
Elle vous assure que son cœur ne l'est pas; je vous en dis autant du mien, mes chers enfants. Quand je veux penser à quelque chose qui me plaise, je songe à vous deux. Je vis l'autre
jour ma nièce de Sainte-Marie; au travers de cette sainteté, on
voit bien qu'elle est votre fille.

Mais, hélas ! que dites-vous de l'affection de M. de Navailles,
qui perd son fils d'une légère maladie, après l'avoir vu exposé
mille fois aux dangers de la guerre ? La prudence humaine qui
faisait amasser tant de trésors, et faire de si grands projets
pour l'établissement de ce garçon, me fait bien rire quand elle
est confondue à ce point-là. Je vous demande beaucoup d'amitié pour M. Jeannin de ma part.

AU COMTE DE BUSSY.

A Paris, ce 29 mai 1679.

Que dit-on quand on a tort? Pour moi, je n'ai pas le mot à dire; les paroles me sèchent à la gorge : enfin, je ne vous écris point, le voulant tous les jours, et vous aimant plus que vous ne m'aimez : quelle sottise de faire si mal valoir sa marchandise ! car c'en est une très-bonne que l'amitié, et j'ai de quoi m'en parer quand je voudrai mettre à profit tous mes sentiments. Il y a dix jours que nous sommes tous à la campagne par le plus beau temps du monde; ma fille s'y porte assez bien; je voudrais bien qu'elle me demeurât tout l'été; je crois que sa santé le voudrait aussi; mais elle a une raison austère qui lui fait préférer son devoir à sa vie. Nous l'arrêtâmes l'année passée, et parce qu'elle croit se porter mieux à présent, je crains qu'elle ne nous échappe celle-ci. Je vis l'autre jour le bon père Rapin, je l'aime, il me paraît un bon homme et un bon religieux; il a fait un discours sur l'histoire et sur la manière de l'écrire, qui m'a paru admirable. Le père Bouhours était avec lui; l'esprit lui sort de tous côtés. Je fus bien aise de les voir tous deux. Nous fîmes commémoration de vous comme d'une personne que l'absence ne fait point oublier. Tout ce que nous connaissons de courtisans nous parurent indignes de vous être comparés, et nous mîmes votre esprit dans le rang qu'il mérite. Il n'y a rien de quoi je parle avec tant de plaisir.

Avez-vous lu la *Vie du grand Théodose*, par l'abbé Fléchier? Je la trouve belle.

Mais que dites-vous de notre pauvre Corbinelli ? Sa destinée le force à soutenir un procès par pure générosité pour une de ses parentes. Sa philosophie est entièrement dérangée.

Il est dans une agitation perpétuelle. Il y épuise sa santé et sa poitrine. Enfin, c'est un malheur pour lui, dont tous ses amis sont au désespoir.

A MADAME DE GRIGNAN.

A Livry, jeudi au soir 2 novembre 1679.

Je vous écris ce soir, ma très-chère, parce que j'ai envie d'aller demain matin à Pomponne. Madame de Vins m'en priait l'autre jour si bonnement, que je m'en vais la voir, et M. de Pomponne, que l'on gouverne mieux en dînant un jour à Pomponne avec lui, qu'à Paris en un mois. Vous voulez donc que je me repose sur vous de votre santé, et je le veux de tout mon cœur, s'il est vrai que vous soyez changée sur ce sujet : ce serait en effet quelque chose de si naturel que cela fût ainsi, et votre négligence à cet égard me paraissait si peu ordinaire, que je me sens portée à croire que droiture d'esprit et de raison aura retrouvé sa place chez vous. Faites donc, ma chère enfant, tout ce que vous dites; prenez du lait et des bouillons, mettez votre santé devant toutes choses ; soyez persuadée que c'est non-seulement par les soins et par le régime que l'on rétablit une poitrine comme la vôtre, mais encore par la continuité des régimes; car de prendre du lait quinze jours, et puis dire : J'ai pris du lait, il ne me fait rien ; ma fille, c'est se moquer de nous, et de vous-même la première. Soyez encore persuadée d'une autre chose, c'est que sans la santé on ne peut rien faire, tout demeure, on ne peut aller ni venir qu'avec des peines incroyables : en un mot, ce n'est pas vivre que de n'avoir point de santé. L'état où vous êtes, quoi que vous disiez, n'est pas un état de consistance ; il faut être mieux si vous voulez être bien. Je suis fort fâchée du vilain temps que vous avez, et de tous vos débordements horribles : je crains votre Durance, comme une bête furieuse.

On ne parle point encore de cordons bleus : s'il y en a, et que M. de Grignan soit obligé de revenir, je le recevrai fort bien, mais fort tristement ; car enfin, au lieu de placer votre voyage comme vous avez fait, c'eût été une chose bien plus raisonnable et plus naturelle que vous eussiez attendu M. de Grignan ici : mais on ne devine pas ; et comme vous observiez et consultiez les volontés de M. de Grignan, ainsi qu'on faisait autrefois les entrailles des victimes, vous y aviez vu si clairement qu'il souhaitait que vous allassiez avec lui, que, ne mettant jamais votre santé en aucune sorte de considération, il était impossible que vous ne partissiez, comme vous avez fait. Il faut regarder Dieu, et lui demander la grâce de votre retour, et que ce ne soit plus comme un postillon, mais comme une femme qui n'a plus d'affaires en Provence, qui craint la bise de Grignan, et qui a dessein de s'établir et de rétablir sa santé en ce pays.

Je crois que je ferai un traité sur l'amitié ; je trouve qu'il y a mille choses qui en dépendent, mille conduites à éviter pour empêcher que ceux que nous aimons n'en sentent le contre-coup ; je trouve qu'il y a une infinité de rencontres où nous les faisons souffrir, et où nous pourrions adoucir leurs peines si nous avions autant de vues et de pensées qu'on doit en avoir pour ce qui tient au cœur. Enfin, je ferais voir dans ce livre qu'il y a cent manières de témoigner son amitié sans la dire, ou de dire par ses actions qu'on n'a point d'amitié, lorsque la bouche traitreusement assure le contraire. Je ne parle pour personne, mais ce qui est écrit est écrit.

Mon fils me mande des folies, et il me dit qu'il y a un *lui* qui m'adore, un autre *lui* qui m'étrangle, et qu'ils se battaient tous deux l'autre jour à outrance dans le mail des Rochers. Je lui réponds que je voudrais que l'un eût tué l'autre, afin que je n'eusse point trois enfants; que c'était ce dernier qui me faisait tout le mal de la maternité, et que s'il pouvait l'étrangler lui-même, je serais trop contente des deux autres. J'admire la lettre de Pauline; est-ce de son écriture? Non; mais pour son style, il est aisé à reconnaître : la jolie enfant! Je voudrais bien que vous pussiez me l'envoyer dans une de vos lettres; je ne serai consolée de ne la pas voir que par les nouveaux attachements qu'elle me donnerait : je m'en vais lui faire réponse. Je quitte ce lieu à regret : la campagne est encore belle : cette avenue et tout ce qui était désolé des chenilles, et qui a pris la liberté de repousser avec votre permission, est plus vert qu'au printemps dans les plus belles années. Les petites et les grandes palissades sont parées de ces belles nuances de l'automne dont les peintres font si bien leur profit. Les grands ormes sont un peu dépouillés, et l'on n'a point de regret à ces feuilles picotées : la campagne en gros est encore toute riante; j'y passais mes journées seule avec des livres; je ne m'ennuyais que comme je m'ennuierai partout, ne vous ayant plus.

A MADAME DE GRIGNAN.

A Paris, mercredi 22 novembre 1679.

Vous allez être bien surprise et bien fâchée, ma chère enfant. M. de Pomponne est disgracié; il eut ordre, samedi au soir, comme il revenait de Pomponne, de se défaire de sa charge. Le roi avait réglé qu'il aurait 700,000 fr., et que la pension de 20,000 fr. qu'il avait comme ministre lui serait continuée : Sa Majesté voulait lui marquer par cet arrangement qu'elle était contente de sa fidélité. Ce fut M. Colbert qui lui fit ce compliment, en l'assurant qu'il *était au désespoir d'être obligé*, etc. M. de Pomponne demanda s'il ne pourrait point avoir l'honneur de parler au roi, et apprendre de sa bouche quelle était la faute qui avait attiré ce coup de tonnerre : on lui dit qu'il ne le pouvait pas ; en sorte qu'il écrivit au roi pour lui marquer son extrême douleur, et l'ignorance où il était de ce qui pouvait avoir contribué à sa disgrâce : il lui parla de sa nombreuse famille, et le supplia d'avoir égard à huit enfants qu'il avait. Il fit remettre aussitôt ses chevaux au carrosse, et revint à Paris, où il arriva à minuit. M. de Pomponne n'était pas de ces ministres sur qui une disgrâce tombe à propos, pour leur apprendre l'humanité qu'ils ont presque tous oubliée ; la fortune n'avait fait qu'employer les vertus qu'il avait, pour le bonheur des autres ; on l'aimait, surtout parce qu'on l'honorait infiniment. Nous avions été, comme je vous l'ai mandé, le vendredi à Pomponne, M. de Chaulnes, Caumartin et moi : nous le trouvâmes et les dames, qui nous reçurent fort gaiement. On causa tout le soir, on joua aux échecs : ah ! que échec et mat on lui préparait à Saint-Germain ! Il y alla dès le lendemain matin, parce qu'un courrier l'attendait ; de sorte que M. Colbert, qui croyait le trouver le samedi au soir à l'ordinaire, sachant qu'il était allé droit à Saint-Germain, retourna sur ses pas, et pensa crever ses chevaux. Pour nous, nous ne partîmes de Pomponne qu'après dîner ; nous y laissâmes les dames, madame de Vins m'ayant chargée de mille amitiés pour vous. Il fallut donc leur mander cette triste nouvelle : ce fut un valet de chambre de M. de Pomponne, qui arriva le dimanche à neuf heures dans la chambre de madame de Vins : c'était une marche si extraordinaire que celle de cet homme, et il était si excessivement changé, que madame de Vins crut absolument qu'il venait lui dire la mort de M. de Pomponne ;

de sorte que, quand elle sut qu'il n'était que disgracié, elle respira ; mais elle sentit son mal quand elle fut remise ; elle alla le dire à sa sœur. Elles partirent à l'instant, laissant tous ces petits garçons en larmes ; et, accablées de douleur, elles arrivèrent à Paris à deux heures après midi. Vous pouvez vous représenter leur entrevue avec M. de Pomponne, et ce qu'ils sentirent, en se revoyant si différents de ce qu'ils pensaient être la veille. Pour moi, j'appris cette nouvelle par l'abbé de Grignan : je vous avoue qu'elle me toucha droit au cœur. J'allai à leur porte dès le soir ; on ne les voyait point en public ; j'entrai, je les trouvai tous trois. M. de Pomponne m'embrassa, sans pouvoir prononcer une parole : les dames ne purent retenir leurs larmes, ni moi les miennes : ma fille, vous n'auriez pas retenu les vôtres ; c'était un spectacle douloureux : la circonstance de ce que nous venions de nous quitter à Pomponne d'une manière si différente augmenta notre tendresse. Enfin je ne puis vous représenter cet état. La pauvre madame de Vins, que j'avais laissée si fleurie, n'était pas reconnaissable ; je dis pas reconnaissable, une fièvre de quinze jours ne l'aurait pas tant changée : elle me parla de vous, et me dit qu'elle était persuadée que vous sentiriez sa douleur et l'état de M. de Pomponne ; je l'en assurai. Nous parlâmes du contre-coup qu'elle ressentait de cette disgrâce ; il est épouvantable, et pour ses affaires, et pour l'agrément de sa vie et de son séjour, et pour la fortune de son mari ; elle voit tout cela bien douloureusement. M. de Pomponne n'était point en faveur ; mais il était en état d'obtenir de certaines choses ordinaires, qui font pourtant l'établissement des gens : il y a bien des degrés au-dessous de la faveur des autres, qui font la fortune des particuliers. C'était aussi une chose bien douce de se trouver naturellement établie à la cour : ô Dieu ! quel changement ! quel retranchement ! quelle économie dans cette maison ! Huit enfants, n'avoir pas eu le temps d'obtenir la moindre grâce ! Ils doivent trente mille livres de rente ; voyez ce qui leur restera : ils vont se réduire tristement à Paris, à Pomponne. On dit que tant de voyages, et quelquefois des courriers qui attendaient, même celui de Bavière qui était arrivé le vendredi, et que le roi attendait impatiemment, ont un peu attiré ce malheur. Mais vous comprendrez aisément ces conduites de la Providence, quand vous saurez que c'est M. le président Colbert qui a la charge ; comme il est en Bavière, son frère la fait en attendant, et lui a écrit en se réjouissant, et pour le surprendre, comme si on s'était trompé au-dessus de la lettre : *A monsieur, monsieur Colbert, ministre et secrétaire d'État.* J'en ai fait mes compliments dans la maison affligée ; rien ne pouvait être mieux. Faites un peu de réflexion à toute la puissance de cette famille, et joignez les pays étrangers à tout le reste ; et vous verrez que tout ce qui est de l'autre côté, *où l'on se marie*[1], ne vaut point cela. Ma pauvre enfant, voilà bien des détails et des circonstances ; mais il me semble qu'ils ne sont point désagréables dans ces sortes d'occasions : il me semble que vous voulez toujours qu'on vous parle ; je n'ai que trop parlé. Quand votre courrier viendra, je n'ai plus à le présenter ; c'est encore un de mes chagrins de vous être désormais entièrement inutile : il est vrai que je l'étais déjà par madame de Vins : mais on se ralliait ensemble. Enfin, ma fille, voilà qui est fait, voilà le monde. M. de Pomponne est plus capable que personne de soutenir ce malheur avec courage, avec résignation et beaucoup de christianisme. Quand d'ailleurs on a usé comme lui de la fortune, on ne manque point d'être plaint dans l'adversité,

[1] Du côté de M. de Louvois.

A MADAME DE GRIGNAN.

A Paris, mercredi 10 janvier 1680.

Si j'avais un cœur de cristal, où vous pussiez voir la douleur triste et sensible dont j'ai été pénétrée en voyant comme vous souhaitez que ma vie soit composée de plus d'années que la vôtre, vous connaîtriez bien clairement avec quelle vérité et quelle ardeur je souhaite aussi que la Providence ne dérange point l'ordre de la nature, qui m'a fait naître votre mère et venir en ce monde beaucoup devant vous ; c'est la règle et la raison, ma fille, que je parte la première ; et Dieu, pour qui nos cœurs sont ouverts, sait bien avec quelle instance je lui demande que cet ordre s'observe en moi, Il est impossible que la vérité et la justesse de ce sentiment ne vous pénètre pas comme j'en suis pénétrée : de là, ma fille, vous n'aurez point de peine à vous représenter quelle sorte d'intérêt je prends à votre santé. Je vous conjure, par toute l'amitié que vous avez pour moi, de ne m'écrire qu'une feuille tout au plus : dites à quelqu'un de m'écrire, et même ne dictez point, cela fatigue. Enfin, je ne puis plus trouver de plaisir à ce qui me charmait autrefois dans votre absence, et vos grandes lettres me font plus de mal qu'à vous ; je vous prie de m'ôter cette peine, il m'en reste encore assez. Madame de Schomberg vous conseille, si vous voulez à toute force prendre du café, d'y mettre du miel de Narbonne au lieu de sucre, cela console la poitrine, et c'est avec cette modification qu'on en laisse prendre à M. de Schomberg, dont la santé est extrêmement mauvaise depuis six ou sept mois. La mienne est parfaite ; je vous ai mandé comme je m'étais purgée à merveille, et puis de cette eau de cerises. Pour mes mains, je crois qu'elles sont guéries, je n'y pense pas. Eh ! ma chère enfant, ne songez qu'à vous, n'oubliez rien de tout ce qui doit vous soulager · vous connaissez trop

l'amitié pour douter de ce que je souffre quand je pense à l'é-
tat où vous êtes ; et cette pensée ne s'éloigne pas de moi.

M. de Pomponne est revenu pour finir ses affaires ; on va le
payer. Je vois assez souvent madame de Vins, qui, n'ayant rien
de nouveau à vous mander, ne vous écrit point, pour ne point
vous obliger d'écrire inutilement. M. de Bussy et sa fille (*madame de Coligny*) ont dîné ici deux fois ; ils ont, en vérité,
bien de l'esprit ; ils m'ont fort priée de vous faire leurs compliments. Le petit Coulanges est ici, tout comme vous l'avez vu ;
la maréchale de Rochefort l'emmène avec elle au-devant
de madame la Dauphine : je lui conseille de faire ce voyage,
n'ayant rien de mieux à faire ; et peut-être qu'en écrivant
de jolies relations, cela pourra lui être bon. Adieu, ma
très-chère bonne ; je ne sais rien : je crois même qu'en faisant mes lettres un peu moins infinies, je vous jetterai moins
de pensées et moins d'envie d'y répondre ; c'est ce que je dé-
sire, ne pouvant jamais vouloir que ce qui vous est avantageux.

A MADAME DE GRIGNAN.

A Paris, mercredi 17 janvier 1680.

Le temps n'est plus, ma pauvre enfant, que ce m'était une
consolation de recevoir une grande lettre de vous ; présentement ce m'est une véritable peine ; et quand je pense à celle
que vous avez d'écrire, et au mal sensible que cela vous fait,
je soutiens que vous ne sauriez m'écrire assez peu. Si vous
êtes incommodée, il faut ne point écrire ; si vous ne l'êtes pas,
il ne faut point écrire ; enfin, si vous avez quelque soin de
vous et quelque amitié pour moi, il faut, par nécessité ou par
précaution, garder cette conduite. Si vous êtes mal, reposez-
vous ; si vous êtes bien, conservez-vous ; et puisque cette santé
si précieuse, dont on ne connaît le bonheur qu'après l'avoir

perdue, vous oblige à vous ménager, croyez que ce doit être
votre unique affaire, et celle dont je vous aurai le plus d'obligation. Vous êtes si incommodée de la bise d'Aix et de Salon,
que vous devez attendre à l'être encore plus de celle de Grignan. Ainsi, ma fille, il faudra prendre une résolution sage; il
faudra, quand vous serez ici, n'être plus, comme vous êtes
toujours, un pied en l'air : il n'y a rien de bon avec cette agitation d'esprit ; vous devez changer de style, puisque vous
changez de santé et de tempérament; vous devez dire : Je
ne puis plus voyager, il faut que je me remette. Mais au lieu de
parler sincèrement de votre état à M. de Grignan, qui vous
aime, qui ne veut pas vous perdre, et qui voit comme nous
combien le repos et le bon air vous sont nécessaires, il semble, au contraire, que vous vouliez le tromper et vous tromper aussi, en disant : Je me porte parfaitement bien, quand
vous vous portez parfaitement mal.

Mademoiselle de Blois est donc madame la princesse de
Conti : elle fut fiancée lundi en grande cérémonie, hier mariée, à la face du soleil, dans la chapelle de Saint-Germain :
un grand festin comme la veille : l'après-dîner, une comédie,
et le soir couchés, et leurs chemises données par le roi et par
la reine. Si je vois quelqu'un avant que d'envoyer cette lettre,
qui soit revenu de la Cour, je vous ferai une addition. Mais
voyez comme il est bon de se tourmenter un peu pour avoir
des places; il est certain que celles qui avaient été nommées
pour dames d'honneur de cette princesse avaient fait leurs di-
ligences. Le hasard veut que madame de Buri, qui est à cinquante lieues d'ici, tombe dans l'esprit de madame Colbert;
elle l'a vue autrefois, elle en parle à M. de Lavardin son neveu;
elle en parle au roi; on trouve qu'elle est tout comme il faut;
on mande qu'elle aura six mille francs d'appointements,

qu'elle entrera dans le carrosse de la reine. On fait écrire
Bourdaloue, qui est son confesseur ; car elle n'est pas *jansé-
nite* comme madame de Vibraye ; c'est avec ce *mot* qu'on a
supprimé celle-ci, quoiqu'elle soit sous la direction de Saint-
Sulpice, qui est, pour la doctrine, comme celle des jésuites.
Enfin le courrier part, et on l'attend demain. Madame de Lavardin fait présent à madame de Buri d'une robe noire, d'une
jupe, d'un mouchoir de point avec les manchettes, tout cela
prêt à mettre. La Senneterre a eu beau tortiller autour de
Bourdaloue ; point de nouvelles. Vous êtes étonnée que la
presse soit si grande, vous n'êtes pas la seule ; mais la rage est
d'être là *in ogni modo*. Voilà donc une amie de M. le coadjuteur encore placée : c'est un moulin à paroles, comme vous
savez ; elle parle *Buri*, c'est une langue ; mais au moins elle
ne s'en est pas servie pour être à cette place. Celle de la maréchale de Clérembault est fort extraordinaire ; elle est protégée
par Madame, qui voudrait bien en faire une dame de la reine.
Elle va à la Cour, comme si de rien n'était ; il ne semble pas
qu'elle se souvienne d'avoir été et de n'être plus gouver-
nante.

> Et trouve le chagrin que Monsieur lui prescrit
> Trop digne de mépris pour y prêter l'esprit.

Vous rajusterez ces vers : mais quand ils se trouvent en courant au bout de ma plume, il faut qu'ils passent. Montgobert
me parle d'un bal où je vois danser fort joliment mon petit
marquis. Pauline a-t-elle la même inclination pour la danse
que sa sœur d'Adhémar ? Il ne faudrait plus que cet agrément
pour la rendre trop aimable : ah ! ma fille, divertissez-vous de
cette jolie enfant ; ne la mettez point en lieu d'être gâtée ; j'ai
une extrême envie de la voir.

J'approuve fort que vous soupiez ; cela vaut mieux que douze

cuillerées de lait. Hélas! ma fille, je change à toute heure; je
ne sais ce que je veux : c'est que je voudrais que vous pússiez
retrouver de la santé : il faut me pardonner, si je cours à tout
ce que je crois de meilleur; et c'est toujours sous le nom de.
bien et de mieux que je change d'avis. Pour vous, ma très-
chère, n'en changez point sur la bonne opinion que vous devez
avoir de vous, malgré les procédés désobligeants de la fortune.
En vérité, si elle voulait, M. et madame de Grignan tiendraient
fort bien leur place à la Cour : mais vous savez où cela est réglé,
et l'inutilité du chagrin qu'on ne peut s'empêcher d'en avoir.

Je ne sais rien encore de ce qui s'est passé à la noce. J'ignore
si ce fut à la face du soleil ou de la lune que le mariage se fit.
J'irai faire mon paquet chez madame de Vins, et vous manderai ce que j'aurai appris. Cependant, je vous dirai une nouvelle la plus grande et la plus extraordinaire que vous puissiez
apprendre; c'est que M. le Prince fit faire hier sa barbe; il était
rasé; ce n'est point une illusion, ni une de ces choses qu'on
dit en l'air, c'est une vérité; toute la Cour en fut témoin; et
madame de Langeron, prenant son temps qu'il avait les pattes
croisées comme le lion, lui fit mettre un justaucorps avec des
boutonnières de diamants; un valet de chambre, abusant aussi
de sa patience, le frisa, lui mit de la poudre, et le réduisit enfin à être l'homme de la Cour de la meilleure mine, et une tête
qui effaçait toutes les perruques : voilà le prodige de la noce.
L'habit de M. le prince de Conti était inestimable; c'était une
broderie de diamants fort gros, qui suivait les compartiments
d un velouté noir sur un fond de couleur de paille. On dit que
la couleur de paille ne réussissait pas, et que madame de Langeron, qui est l'âme de toute la parure de l'hôtel de Condé, en
a été malade. En effet, voilà de ces sortes de choses dont on ne
doit point se consoler. M. le Duc, madame la Duchesse et ma-

demoiselle de Bourbon avaient trois habits garnis de pierreries différentes pour les trois jours. Mais j'oubliais le meilleur, c'est que l'épée de M. le Prince était garnie de diamants.

La doublure du manteau du prince de Conti était de satin noir, piqué de diamants comme de la moucheture. La princesse était romanesquement belle, et parée, et contente.

A MADAME DE GRIGNAN.

A Paris, dimanche 17 mars 1680.

Quoique cette lettre ne parte que mercredi, je ne puis m'empêcher de la commencer aujourd'hui pour vous dire que M. de La Rochefoucauld est mort cette nuit. J'ai la tête si pleine de ce malheur et de l'extrême affliction de notre pauvre amie (*madame de La Fayette*), qu'il faut que je vous en parle. Hier samedi, le remède de l'Anglais avait fait des merveilles; toutes les espérances de vendredi, que je vous écrivais, étaient augmentées; on chantait victoire, la poitrine était dégagée, la tête libre, la fièvre moindre, des évacuations salutaires; dans cet état, hier à six heures, il tourne à la mort : tout d'un coup les redoublements de fièvre, l'oppression, les rêveries; en un mot, la goutte l'étrangle traîtreusement, et, quoiqu'il eût beaucoup de force et qu'il ne fût point abattu des saignées, il n'a fallu que quatre ou cinq heures pour l'emporter, et à minuit il a rendu l'âme entre les mains de M. de Condom. M. de Marsillac ne l'a point quitté d'un moment; il est dans une affliction qui ne peut se représenter : cependant, ma fille, il retrouvera le roi et la Cour; toute sa famille se retrouvera à sa place; mais où madame de La Fayette retrouvera-t-elle un tel ami, une telle société, une pareille douceur, un agrément, une confiance, une considération pour elle et pour son fils? Elle est infirme, elle est toujours dans sa chambre, elle ne court point

les rues. M. de La Rochefoucauld était sédentaire aussi ; cet
état les rendait nécessaires l'un à l'autre, et rien ne pouvait
être comparé à la confiance et aux charmes de leur amitié.
Songez-y, ma fille, vous trouverez qu'il est impossible de faire
une perte plus considérable, et dont le temps puisse moins
consoler. Je n'ai pas quitté cette pauvre amie tous ces jours-ci;
elle n'allait point faire la presse parmi cette famille; en sorte
qu'elle avait besoin qu'on eût pitié d'elle. Madame de Coulanges a très-bien fait aussi, et nous continuerons quelque temps
encore aux dépens de notre rate, qui est toute pleine de tristesse. Voilà en quel temps sont arrivées vos jolies petites lettres, qui n'ont été admirées jusqu'ici que de madame de Coulanges et de moi : quand le chevalier sera de retour, il trouvera peut-être un temps propre pour les donner; en attendant,
il faut en écrire une de douleur à M. de Marsillac; il met en
honneur toute la tendresse des enfants, et fait voir que vous
n'êtes pas seule ; mais, en vérité, vous ne serez guère imitée.
Toute cette tristesse m'a réveillée; elle me représenta l'horreur
des séparations, et j'en ai le cœur serré.

A MADAME DE GRIGNAN.

A Paris, vendredi 29 mars 1680.

Vous aviez bien raison de dire que j'entendrais parler de la
vie que vous feriez en l'absence de M. de Grignan et de ses
filles : cette vie est tout extraordinaire; vous vous êtes *jetée*
dans un couvent, vous savez qu'on ne se *jette* point à Sainte-
Marie, c'est aux Carmélites qu'on se *jette*. Vous vous êtes donc
jetée dans un couvent, vous avez couché dans une cellule; je
suppose que vous avez mangé de la viande, quoique vous ayez
mangé au réfectoire : le médecin qui vous conduit ne vous aurait pas laissé faire une folie. Vous avez très-habilement évité

les récréations. Vous ne me dites rien de la petite d'Adhémar;
ne lui avez-vous pas permis d'être dans un petit coin à vous
regarder? La pauvre enfant! elle était bien heureuse de profiter de cette retraite.

J'étais avant hier tout au beau milieu de la Cour; madame
de Chaulnes enfin m'y mena. Je vis madame la Dauphine, dont
la laideur n'est point du tout choquante ni désagréable; son
visage lui sied mal, mais son esprit lui sied parfaitement; elle
ne fait et ne dit rien qu'on ne voie qu'elle en a beaucoup. Elle
a les yeux vifs et pénétrants; elle entend et comprend facile-
ment toutes choses; elle est naturelle et non plus embarrassée
ni étonnée que si elle était née au milieu du Louvre. Elle a une
extrême reconnaissance pour le roi, mais c'est sans bassesse;
ce n'est point comme étant au-dessous de ce qu'elle est aujourd'hui, c'est comme ayant été choisie et distinguée dans
toute l'Europe. Elle a l'air fort noble, et beaucoup de dignité
et de bonté : elle aime les vers, la musique, la conversation ;
elle est fort bien quatre ou cinq heures toute seule dans sa
chambre; elle est étonnée de l'agitation qu'on se donne pour se
divertir; elle a fermé la porte aux moqueries et aux médisan-
ces : l'autre jour, la duchesse de La Ferté voulut lui dire une
plaisanterie comme un secret sur cette pauvre princesse *Ma-
rianne,* dont la misère est à respecter ; madame la Dauphine
lui dit avec un air sérieux : *Madame, je ne suis point curieuse.*
Mesdames de Richelieu, de Rochefort et de Maintenon me firent beaucoup d'honnêtetés et me parlèrent de vous. Madame
de Maintenon, par un hasard, me fit une petite visite d'un quart
d'heure; elle me conta mille choses de madame la Dauphine,
et me reparla de vous, de votre santé, de votre esprit, du goût
que vous avez l'une pour l'autre, de votre Provence, avec autant d'attention qu'à la rue des Tournelles : un tourbillon me

l'emporta, c'était madame de Soubise qui rentrait dans cette
Cour au bout de ses trois mois, jour pour jour. Elle venait de la
campagne; elle a été dans une parfaite retraite pendant son
exil; elle n'a vécu que du jour qu'elle est revenue. La reine et
tout le monde la reçut fort bien. Le roi lui fit une très-grande
révérence; elle soutint avec une très-bonne mine tous les différents compliments qu'on lui faisait de tous côtés.

M. le Duc me parla beaucoup de M. de La Rochefoucauld, et
les larmes lui en vinrent encore aux yeux. Il y eut une scène
bien vive entre lui et madame de La Fayette, le soir que ce
pauvre homme était à l'agonie; je n'ai jamais tant vu de larmes
ni jamais une douleur plus tendre et plus vraie : il était impossible de n'être pas comme eux; ils disaient des choses à fendre le cœur; je n'oublierai jamais cette soirée. Hélas ! ma chère
enfant, il n'y a que vous qui ne me parliez point encore de
cette perte, ah! c'est où l'on connaît encore mieux l'horrible
éloignement : vous m'envoyez des billets et des compliments
pour lui; vous n'avez pas envie que je les porte sitôt. M. de Marsillac aura les lettres de M. de Grignan avec le temps; il n'y eut
jamais une affliction plus vive que la sienne : madame de La
Fayette ne l'a point encore vu; quand les autres de la famille
sont venus la voir, ç'a été un renouvellement étrange. M. le Duc
me parlait donc tristement là-dessus. Nous entendîmes, après
dîner, le sermon du Bourdaloue, qui frappe toujours comme
un sourd, disant des vérités à bride abattue : sauve qui peut !
Il va toujours son chemin. Nous revînmes avec beaucoup de
plaisir. Mesdames de Guénégaud et de Kerman étaient des nôtres : je les assurai fort qu'à moins d'une Dauphine, j'étais servante, à mon âge et sans affaires, de ce bon pays-là.

Adieu, ma très-chère : j'ignore comment vous vous portez, je crains votre voyage, je crains Salon, je crains Grignan; je crains, en un mot, tout ce qui peut nuire à votre santé ; par cette raison, je vous conjure de m'écrire bien moins qu'à l'ordinaire.

A MADAME DE GRIGNAN.

A Paris, vendredi 12 avril 1680.

Vous me parlez de madame la Dauphine : le chevalier doit vous instruire bien mieux que moi. Il me paraît qu'elle ne s'est point condamnée à être cousue avec la reine : elles ont été à Versailles ensemble; mais les autres jours elles se promenaient séparément. Le roi va souvent l'après-dînée chez la Dauphine, et il n'y trouve point de presse. Elle tient son cercle depuis huit heures du soir jusqu'à neuf heures et demie; tout le reste est particulier, elle est dans ses cabinets avec ses dames : la princesse de Conti y est presque toujours; comme elle est encore enfant, elle a grand besoin de cet exemple pour se former. Madame la Dauphine est une merveille d'esprit, de raison et de bonne éducation; elle parle fort souvent de sa mère avec beaucoup de tendresse, et dit qu'elle lui doit tout son bonheur, par le soin qu'elle a eu de la bien élever : elle apprend à chanter, à danser; elle lit, elle travaille; c'est une personne enfin. Il est vrai que j'ai eu la curiosité de la voir; j'y fus donc avec madame de Chaulnes et madame de Kerman : elle était à sa toilette, elle parlait italien avec M. de Nevers. On nous présenta; elle nous fit un air honnête, et l'on voit bien que si on trouvait une occasion de dire un mot à propos, elle entrerait fort aisément en conversation : elle aime l'italien, les vers, les livres nouveaux, la musique, la danse; vous voyez bien qu'on ne serait pas longtemps muette avec tant de choses dont il est aisé de parler, mais il faudrait du temps; elle s'en allait à la messe, et madame de Maintenon et madame de Richelieu n'étaient pas dans sa chambre. Vraiment elle voulut hier que M. d'Autun fît aux Carmélites l'oraison funèbre de madame de Longueville, avec toute la capacité, toute la grâce et toute l'habileté dont un homme puisse être capable. Ce n'était point *Tartufe*, ce n'était point un *pantalon*; c'était un prélat de conséquence, prêchant avec dignité, et parcourant toute la vie de cette princesse avec une adresse incroyable, passant tous les endroits délicats, disant et ne disant pas tout ce qu'il fallait dire ou taire. Son texte était *Fallax pulchritudo, mulier timens Deum laudabitur.* Il fit deux points également beaux; il parla de sa beauté et de toutes ces guerres passées d'une manière inimitable, et, pour la seconde partie, vous jugez bien qu'une pénitence de vingt-sept ans est un beau champ pour conduire une si belle âme jusque dans le ciel.

Je vis madame de La Fayette au sortir de cette cérémonie; je la trouvai tout en larmes : il était tombé sous sa main de l'écriture de M. de La Rochefoucauld, dont elle fut surprise et affligée. Je venais de quitter mesdemoiselles de La Rochefoucauld aux Carmélites, où elles avaient aussi pleuré leur père : l'aînée surtout a figuré avec M. de Marsillac. C'était donc à l'oraison funèbre de madame de Longueville qu'elles pleuraient M. de La Rochefoucauld : ils sont morts dans la même année; il y avait bien à rêver sur ces deux noms. Je ne crois pas en vérité que madame de La Fayette se console, je lui suis moins bonne qu'une autre; car nous ne pouvons nous empêcher de parler de ce pauvre homme, et cela la tue; tous ceux qui lui étaient bons avec lui perdent leur prix auprès d'elle. Elle a lu votre petite lettre; elle vous remercie tendrement de la manière dont vous comprenez sa douleur.

A MADAME DE GRIGNAN.

Aux Rochers, dimanche 14 juillet 1680.

Vous lisez donc saint Paul et saint Augustin : voilà les bons ouvriers pour rétablir la souveraine volonté de Dieu. Ils ne marchandent point à dire que Dieu dispose de ses créatures, comme le potier ; il en choisit, il en rejette ; ils ne sont point en peine de faire des compliments pour sauver sa justice ; car il n'y a point d'autre justice que sa volonté : c'est la justice même, c'est la règle ; et après tout, que doit-il aux hommes ? que leur appartient-il ? rien du tout. Il leur fait donc justice, quand il les laisse à cause du péché originel, qui est le fondement de tout, et il fait miséricorde au petit nombre de ceux qu'il sauve par son fils. JÉSUS-CHRIST le dit lui-même : « Je connais mes brebis, je les mènerai paître moi-même, et je n'en perdrai aucune ; je les connais, elles me connaissent. Je vous ai choisis, *dit-il à ses apôtres;* ce n'est pas vous qui m'avez choisi. » Je trouve mille passages sur ce ton, je les entends tous ; et quand je vois le contraire, je dis : C'est qu'ils ont voulu parler communément ; c'est comme quand on dit que *Dieu s'est repenti, qu'il est en furie;* c'est qu'ils parlent aux hommes ; et je me tiens à cette première et grande vérité, qui est toute divine, qui me représente Dieu comme Dieu, comme un maître, comme un souverain créateur et auteur de l'univers, et comme un être enfin très-parfait, selon la réflexion de *votre père Descartes*[1]. Voilà mes petites pensées respectueuses, dont je ne tire point de conséquences ridicules, et qui ne m'ôtent point l'espérance d'être du nombre choisi, après tant de grâces qui sont des préjugés et des fondements de cette confiance. Je hais mortellement à vous parler de tout cela ; pourquoi m'en parlez-vous ? ma plume va comme une étourdie

[1] Madame de Grignan était cartésienne.

Vous dites mille fois mieux que M. de La Rochefoucauld, et vous en sentez la preuve. *Nous n'avons pas assez de raison pour employer toute notre force*[1]. Il aurait été bien surpris de voir qu'il n'y avait qu'à retourner sa maxime, pour la faire beaucoup plus vraie.

Adieu, ma très-chère et très-*loyale*, j'aime fort ce mot : ne vous ai-je point donné du *cordialement*[2]? nous épuisons tous les mots. Je vous parlerai une autre fois de votre hérésie.

AU COMTE DE BUSSY.

A Paris, ce 2 janvier 1681.

Bonjour et bon an, mon cher cousin. Je prends mon temps de vous demander pardon après une bonne fête, et en vous souhaitant mille bonnes choses cette année, suivie de plusieurs autres. Il me semble qu'en vous adoucissant ainsi l'esprit, je vous disposerai à me pardonner d'avoir été si longtemps sans vous écrire, et à cette jolie veuve que j'aime tant. Je partis de Bretagne le 20 d'octobre, qui était bien plus tôt que je ne pensais, pour venir à Paris. Un mois après j'eus le plaisir d'y recevoir ma fille. Je l'ai trouvée mieux que quand elle est partie; et cet air de Provence, qui devait la dévorer, ne l'a point dévorée : elle est toujours aimable, et je vous défie de vous voir tous deux et de parler ensemble sans vous aimer. J'ai toujours pensé à vous, et j'ai dit mille fois : Mon Dieu! je voudrais bien écrire à mon cousin de Bussy; et jamais je n'ai pu le faire. Pour moi, je crois qu'il y a de petits démons qui empêchent de faire ce qu'on veut, rien que pour se moquer de nous et pour nous faire sentir notre faiblesse. Ils y ont un con-

---

[1] M. de La Rochefoucauld a dit : *Nous n'avons pas assez de force pour suivre toute notre raison.* (Maxime LXII.)

[2] Mot que madame de Chantal, aïeule de madame de Sévigné, affectionnait, quoiqu'il ne fût pas encore admis dans notre langue.

tentement, et je l'ai senti dans toute son étendue. Nous avons ici une comète qui est bien étendue aussi ; c'est la plus belle queue qu'il est possible de voir. Tous les plus grands personnages sont alarmés, et croient fermement que le ciel, bien occupé de leur perte, en donne des avertissements par cette comète. On dit que le cardinal Mazarin étant désespéré des médecins, ses courtisans crurent qu'il fallait honorer son agonie d'un prodige, et lui dirent qu'il paraissait une grande comète qui leur faisait peur. Il eut la force de se moquer d'eux, et il leur dit plaisamment que la comète lui faisait trop d'honneur. En vérité, on devrait en dire autant que lui ; et l'orgueil humain se fait trop d'honneur de croire qu'il y ait de grandes affaires dans les astres quand on doit mourir. Tout mon silence ne m'a pas fait oublier les charmes de vos traductions[1]. Adieu, mon cher cousin ; adieu, ma chère nièce. Mandez-moi de vos nouvelles. Cependant nous allons reprendre, notre ami Corbinelli et moi, le fil de notre discours.

AU COMTE DE BUSSY.

A Paris, ce 16 décembre 1683.

Enfin, après tant de peine, je marierai mon pauvre garçon[2]. Je vous demande votre procuration pour signer à son contrat de mariage. Voilà deux petites lettres d'honnêteté que je vous prie de faire tenir à ma tante de Toulongeon et à mon grand cousin. Il ne faut jamais désespérer de sa bonne fortune. Je croyais mon fils hors d'état de pouvoir prétendre à un bon

---

[1] Ce sont des traductions en vers de plusieurs épigrammes de Martial et de Catulle : elles sont en général très-médiocres.

[2] Avec Jeanne-Marguerite de Brehant de Mauron, fille du baron de Mauron, conseiller au parlement de Bretagne, et de Louise de Quélen. Elle avait 200,000 fr. en mariage, et son père plus de 60,000 livres de rente.

parti, après tant d'orages et de naufrages, sans charges et sans chemin pour la fortune ; et pendant que je m'entretenais de ces tristes pensées, la Providence nous destinait ou nous avait destinés à un mariage si avantageux, que, dans le temps où mon fils pouvait le plus espérer, je ne lui en aurais pas désiré un meilleur. C'est ainsi que nous marchons en aveugles, ne sachant où nous allons, prenant pour mauvais ce qui est bon, prenant pour bon ce qui est mauvais, et toujours dans une entière ignorance. Auriez-vous jamais cru aussi que le père Bourdaloue, pour exécuter la dernière volonté du président Parrault, eût fait depuis six jours aux Jésuites la plus belle oraison funèbre qu'il est possible d'imaginer ? Jamais une action n'a été admirée avec plus de raison que celle-là. Il a pris le prince dans ses points de vue avantageux ; et comme son retour à la religion a fait un grand effet pour les catholiques, cet endroit, manié par le père Bourdaloue, a composé le plus beau et le plus chrétien panégyrique qui ait jamais été prononcé.

A MADAME DE GRIGNAN.

Aux Rochers, dimanche 25 février 1685.

Ah ! ma bonne, quelle aventure que celle de la mort du roi d'Angleterre ! la veille d'une mascarade !

AU MARQUIS DE GRIGNAN.

Mon marquis, il faut que vous soyez bien malheureux de trouver en votre chemin un événement si extraordinaire !

Rodrigue, qui l'eût cru ? — Chimène, qui l'eût dit ?

Lequel vous a plus serré le cœur, ou le contre-temps ou quand votre méchante maman vous renvoya de Notre-Dame ? Vous en fûtes consolé le même jour ; il faut que le billard, et l'appartement, et la messe du roi, et toutes les louanges qu'on a données à vous et à votre joli habit, vous aient consolé dans cette occasion, avec l'espérance que cette mascarade n'est que différée. Mon cher enfant, je vous fais mes compliments sur tous ces grands mouvements, mais faites-m'en sur toutes mes attentions mal placées; j'avais été à la mascarade, à l'Opéra, au bal; je m'étais tenue droite, je vous avais admiré, j'avais été aussi émue que votre belle maman, et j'ai été trompée.

A MADAME DE GRIGNAN.

Ma bonne, je comprends tous vos sentiments mieux que personne. Vraiment oui, on se transmet dans ses enfants, et, comme vous dites, plus vivement que pour soi-même : j'ai tant passé par ces émotions! C'est un plaisir, quand on les a pour quelque jolie petite personne qui en vaut la peine et qui fait l'attention des autres. Votre fils plaît extrêmement; il a quelque chose de piquant et d'agréable dans la physionomie; on ne saurait passer les yeux sur lui comme sur une autre, on s'arrête. Madame de La Fayette me mande qu'elle avait écrit à madame de Montespan qu'il y allait de son honneur que vous et votre fils fussiez contents d'elle : il n'y a personne qui soit plus aise que madame de La Fayette de vous faire plaisir. Je ne suis pas surprise que vous ayez envie d'aller à Livry : bon Dieu! quel temps! il est parfait; je suis depuis le matin jusqu'à cinq heures dans ces belles allées, car je ne veux point du froid du soir. J'ai sur mon dos votre belle *brandebourg* qui me pare; ma jambe est guérie, je marche tout comme une autre. Ne me plaignez plus, ma chère bonne; il faudrait mourir si j'étais prisonnière par ce temps-là. Je mande à mon fils que je n'ai que faire de lui, que je me promène, et qu'avec cela je l'envoie promener. Ils sont dans les plaisirs de Rennes, d'où ils ne reviendront que la veille du dimanche gras : j'en suis ravie, je n'ai que trop de monde. La princesse vient jouir de mon soleil; elle a donné d' e thériaque céleste au bon abbé, qui l'a tiré d'un mal de tête et d'une faiblesse qui me faisaient grand' peur. Dites à ce *Bien-bon* combien vous êtes ravie de sa santé. La princesse est le meilleur médecin du monde; tout de bon, les capucins admiraient sa boutique : elle guérit une infinité de gens; elle a des compositions rares et précieuses, dont elle nous a donné trois prises qui ont fait un effet prodigieux. Le *Bien-bon* voudrait vous faire les honneurs de Livry; si c'est le carême, ma bonne, vous y ferez une mauvaise chère; mais songerez-vous à l'entreprendre avec votre côté douloureux? On ne me parle cependant que de votre beauté ; madame de Vins m'assure que c'est tout autre chose que quand je suis partie. Vous parlez du temps qui vous respecte pour l'amour de moi : c'est bien à vous à parler du temps! Mais que c'est une plaisante chose que nous n'ayons pas encore parlé de la mort du roi d'Angleterre! Il n'était point vieux, c'est un roi, cela faisait penser que la mort n'épargne personne : c'est un grand bonheur si, dans son cœur, il était catholique, et qu'il soit mort dans notre religion. Il me semble que voilà un théâtre où il se va faire de grandes scènes; le prince d'Orange, M. de Montmouth, cette infinité de luthériens, cette horreur pour les catholiques : nous verrons ce que Dieu voudra représenter après cette tragédie; elle n'empêchera pas qu'on ne se divertisse encore à Versailles, puisque vous y retournez lundi. Vous me dites mille amitiés sur la peine que vous auriez à me quitter, si j'étais à Paris; j'en suis persuadée, ma très-aimable bonne; mais cela n'étant point, à mon grand regret, profitez des raisons qui vous font aller à la Cour; vous y faites fort bien votre personnage; il semble que tout se dispose à faire réussir ce que vous souhaitez. Les souhaits que j'en fais de loin ne sont pas moins sincères ni moins ardents que si j'étais auprès de vous. Hélas! ma bonne, j'y suis toujours, et je sens, mais moins délicatement, ce que vous me disiez un jour, dont je me moquais : c'est qu'effectivement vous êtes d'une telle sorte dans mon cœur et dans mon imagination, que je vous vois et vous suis toujours : mais j'honore infiniment davantage, ma bonne, **un peu de réalité.**

A MADAME DE GRIGNAN.

Aux Rochers, dimanche 17 juin 1685.

Que je suis aise que vous soyez à Livry, ma très-chère bonne, et que vous y ayez un esprit débarrassé de toutes les pensées de Paris! Quelle joie de pouvoir chanter ma chanson, quand ce ne serait que pour huit ou dix jours! Vous nous dites mille douceurs, ma bonne, sur les souvenirs tendres et trop aimables que vous avez du bon abbé et de votre pauvre maman; je ne sais où vous pouvez trouver si précisément tout ce qu'il faut penser et dire; c'est en vérité dans votre cœur, c'est lui qui ne manque jamais; et, quoi que vous ayez voulu dire autrefois à la louange de l'esprit qui le veut contrefaire, l'esprit manque, il se trompe, il bronche à tout moment; ses allures ne sont point égales, et les gens éclairés par leur cœur n'y sauraient être trompés. Vive donc ce qui vient de ce lieu, et, entre tous les autres, vive ce qui vient si naturellement de chez vous!

Vous me charmez en me renouvelant les idées de Livry; Livry et vous, en vérité, c'est trop, et je ne tiendrais pas contre l'envie d'y retourner, si je ne m'y trouvais toute disposée pour y retourner avec vous à ce bienheureux mois de septembre,

peut-être n'y retournerez-vous pas plus tôt. Vous savez ce que
c'est que Paris, les affaires et les infinités de contre-temps qui
vous empêchent d'aller à Livry. Enfin me revoilà dans le train
d'espérer de vous y voir : mais, bon Dieu! que me dites-vous,
ma chère bonne? le cœur m'en a battu : quoi! ce n'est que
depuis la résolution de mademoiselle de Grignan de ne s'expliquer qu'au mois de septembre que vous êtes assurée de
m'attendre! Comment! vous me trompiez donc, et il aurait pu
être possible qu'en retournant à Paris dans deux mois je ne
vous eusse plus trouvée! Cette pensée me fait transir et me paraît contre la foi : effacez-la-moi, je vous en conjure, elle me
blesse, tout impossible que je la voie présentement ; mais ne
laissez pas de m'en redire un mot. *O sainte Grignan*, que
je vous suis obligée, si c'est à vous que je dois cette certi-
tude !

Revenons à Livry, vous m'en paraissez entêtée; vous avez
pris toutes mes préventions, je reconnais mon sang; je serai
ravie que cet entêtement vous dure au moins toute l'année.
Que vous êtes plaisante avec ce rire du père prieur, et cette
tête tournée qui veut dire une approbation! Le *Bien-bon* souhaite que *du Harlay* vous serve aussi bien dans le pays qu'il
nous a bien nettoyé et parfumé les jardins. Mais où prenez-
vous, ma bonne, qu'on entende des rossignols le 13 de juin?
Hélas! ils sont tous occupés du soin de leur petit ménage; il
n'est plus question ni de chaleur, ni de faire l'amour; ils ont
des pensées plus solides. Je n'en ai pas entendu un seul ici;
ils sont en bas vers ces étangs, vers cette petite rivière; mais
je n'ai pas tant battu de pays, et je me trouve trop heureuse
d'aller en toute liberté dans ces belles allées de plain-pied.

Mon fils et sa femme vous honorent et vous aiment, et je conte
souvent ce que c'est que cette madame de Grignan. Cette pe-

tite femme dit : « Mais, madame, y a-t-il des femmes faites comme cela? »

AU COMTE DE BUSSY.

Aux Rochers, ce 22 juillet 1685.

Croiriez-vous bien, mon cher cousin, que je n'ai reçu que depuis quatre jours le livre de notre généalogie, que vous me faites l'honneur de me dédier par une lettre trop aimable et trop obligeante? Il faudrait être parfaite, c'est-à-dire n'avoir point d'amour-propre, pour n'être pas sensible à des louanges si bien assaisonnées. Elles sont même choisies et tournées d'une manière que, si l'on n'y prenait garde, on se laisserait aller à la douceur de croire en mériter une partie, quelque exagération qu'il y ait. Vous devriez, mon cher cousin, avoir toujours été dans cet aveuglement, puisque je vous ai toujours aimé, et que je n'ai jamais mérité votre haine. N'en parlons plus, vous réparez trop bien tout le passé, et d'une manière si noble et si belle, que je veux bien présentement vous en devoir le reste. Ma fille n'a pas eu le livre entre les mains sans se donner le plaisir de le lire, et elle s'y est trouvée si agréablement, qu'elle en a sans doute augmenté l'estime qu'elle avait de vous et de votre maison, comme j'en redouble aussi de tout mon cœur mes remercîments. Mon fils n'est pas si content, vous le laissez guidon, sans parler de la sous-lieutenance qui l'a fait commander en chef quatre ans la compagnie des gendarmes de monseigneur le Dauphin, et, comme cette première charge l'a fort longtemps ennuyé, il a soupiré en cet endroit, croyant y être encore. Sa femme est d'une des bonnes maisons de Bretagne, mais cela n'est rien.

Le bon abbé (*de Coulanges*) s'est trouvé fort honorablement dans notre généalogie; il est bien content, et vous assure de ses très-humbles services.

Quand je serai à Paris, nous vous écrirons, Corbinelli et moi. Adieu, mon cher cousin, ayez bon courage.

J'ai peur que vous ne soyez abattu; mais je vous fais tort, et je vous ai vu soutenir de si grands malheurs, que je ne dois pas douter de vos forces.

AU COMTE DE BUSSY.

A Paris, ce 10 mars 1687.

Voici encore de la mort et de la tristesse, mon cher cousin. Mais le moyen de ne pas vous parler de la plus belle, de la plus magnifique et de la plus triomphante pompe funèbre qui ait jamais été faite depuis qu'il y a des mortels? c'est celle de feu M. le Prince, qu'on a faite aujourd'hui à Notre-Dame; tous les beaux esprits se sont épuisés à faire valoir tout ce qu'a fait ce grand prince et tout ce qu'il a été. Ses pères sont représentés par des médailles jusqu'à saint Louis; toutes ses victoires, par des *basses-tailles* (*ou bas-reliefs*), couvertes comme sous des tentes dont les coins sont ouverts et portés par des squelettes dont les attitudes sont admirables. Le mausolée, jusque près de la voûte, est couvert d'un dais en manière de pavillon encore plus haut, dont les quatre coins retombent en guise de tentes. Toute la place du chœur est ornée de ces basses-tailles, et de devises au-dessous, qui parlent de tous les temps de sa vie. Celui de sa liaison avec les Espagnols est exprimé par une nuit obscure, où trois mots latins disent : *Ce qui s'est fait loin du soleil doit être caché.* Tout est semé de fleurs de lis d'une couleur sombre, et au-dessous une petite lampe qui fait dix mille petites étoiles. J'en oublie la moitié; mais vous aurez le livre qui vous instruira de tout en détail. Si je n'avais point eu peur qu'on ne vous l'eût envoyé, je l'aurais joint à cette lettre; mais ce *duplicata* ne vous aurait pas fait plaisir.

Tout le monde a été voir cette pompeuse décoration. Elle coûte cent mille francs à M. le Prince d'aujourd'hui, mais cette dépense lui fait bien de l'honneur. C'est M. de Meaux qui a fait l'oraison funèbre : nous la verrons imprimée. Voilà, mon cher cousin, fort grossièrement le sujet de la pièce. Si j'avais osé hasarder de vous faire payer un double port, vous seriez plus content.

Je viens de voir un prélat qui était à l'oraison funèbre. Il nous a dit que M. de Meaux s'était surpassé lui-même, et que jamais on n'a fait valoir ni mis en œuvre si noblement une si belle matière [1]. La Provençale vous fait bien des amitiés. Elle est occupée d'un procès qui la rend assez semblable à la comtesse de *Pimbêche* [2]. Je me réjouis avec vous que vous ayez à cultiver le corps et l'esprit du petit Langheac. C'est un beau nom à médicamenter, comme dit Molière, et c'est un amusement que nous avons ici tous les jours avec le petit de Grignan. Adieu, mon cher cousin; adieu, ma chère nièce. Conservez-nous vos amitiés, et nous vous répondons des nôtres. Je ne sais si ce pluriel est bon; mais, quoi qu'il en soit, je ne le changerai pas.

[1] Voyez l'oraison funèbre du grand Condé par Bossuet.
[2] Voyez la scène vii du Iᵉʳ acte des *Plaideurs*, de Racine.

AU COMTE DE BUSSY.

Je commence ma lettre aujourd'hui, et je ne l'achèverai qu'après avoir entendu demain l'oraison funèbre de M. le Prince, par le P. Bourdaloue. J'ai vu M. d'Autun qui a reçu votre lettre, et le fragment de celle que je vous écrivais. Je ne sais si cela était assez bon pour lui envoyer ici : ce qui est bon à Autun pourrait n'avoir pas les mêmes grâces à Paris. Toute mon espérance est qu'en passant par vos mains vous l'aurez raccommodé, car ce que j'écris en a besoin. Quoi qu'il en soit mon cousin, cela fut lu à l'hôtel de Guise ; j'y arrivai en même temps ; on me voulut louer, mais je refusai modestement les louanges, et je grondai contre vous et contre M. d'Autun. Voilà l'histoire du fragment. La pensée d'être fâché de paraître guidon dans le livre de notre généalogie est tellement passée à mon fils, et même à moi, que je ne vous conseille point de rien retoucher à cela. Il importe peu que, dans les siècles à venir, il soit marqué pour cette charge, qui a fait le commencement de sa vie, ou pour la sous-lieutenance.

Je suis charmée et transportée de l'oraison funèbre de M. le Prince, faite par le P. Bourdaloue. Il s'est surpassé lui-même, c'est beaucoup dire. Son texte était : *Que le Roi l'avait pleuré, et dit à son peuple : Nous avons perdu un Prince qui était le soutien d'Israël.*

Il était question de son cœur, car c'est son cœur qui est enterré aux Jésuites. Il en a donc parlé, et avec une grâce et une éloquence qui entraîne ou qui enlève, comme vous voudrez. Il fait voir que son cœur était solide, droit et chrétien. *Solide*, parce que, dans le haut de la plus glorieuse vie qui fut jamais, il avait été au-dessus des louanges ; et là il a repassé en abrégé toutes ses victoires, et nous a fait voir, comme un prodige, qu'un héros en cet état fût entièrement au-dessus de la vanité et de l'amour de soi-même. Cela a été traité divinement.

Un cœur droit. Et sur cela il s'est jeté sans balancer tout au travers de ses égarements, et de la guerre qu'il a faite contre le roi. Cet endroit qui fait trembler, que tout le monde évite, qui fait qu'on tire le rideau, qu'on passe des éponges, il s'y est jeté lui à corps perdu, et a fait voir par cinq ou six réflexions, dont l'une était le refus de la souveraineté de Cambrai, et de l'offre qu'il avait faite de renoncer à tous ses intérêts plutôt que d'empêcher la paix, et quelques autres encore, que son cœur dans ses déréglements était droit, et qu'il était emporté par le malheur de sa destinée, et par des raisons qui l'avaient comme entraîné à une guerre et à une séparation qu'il détestait intérieurement, et qu'il avait réparées de tout son pouvoir après son retour, soit par ses services, comme à Tolhuys, Senef, etc., soit par les tendresses infinies et par les désirs continuels de plaire au roi, et de réparer le passé. On ne saurait vous dire avec combien d'esprit tout cet endroit a été conduit, et quel éclat il a donné à son héros, par cette peine intérieure qu'il nous a si bien peinte, et si vraisemblablement.

Un cœur chrétien. Parce que M. le Prince a dit dans ses derniers temps que, malgré l'horreur de sa vie à l'égard de Dieu, il n'avait jamais senti la foi éteinte dans son cœur; qu'il en avait toujours conservé les principes : et cela supposé, parce que le prince disait vrai, il rapporte à Dieu ses vertus même morales, et ses perfections héroïques, qu'il avait consommées par la sainteté de sa mort. Il a parlé de son retour à Dieu depuis deux ans, qu'il a fait voir noble, grand et sincère; et il nous a peint sa mort avec des couleurs ineffaçables dans mon esprit et dans celui de l'auditoire, qui paraissait pendu et suspendu à tout ce qu'il disait, d'une telle sorte qu'on ne respirait pas. De vous dire de quels traits tout cela était orné, il est impossible; et je gâte même cette pièce par la grossièreté dont je la *croque*. C'est comme si un barbouilleur voulait toucher un tableau de Raphaël. Enfin, mes chers enfants, voilà ce qui vous doit toujours donner une assez grande curiosité pour voir cette pièce imprimée. Celle de M. de Meaux l'est déjà. Elle est fort belle, et de main de maître. Le parallèle de M. le Prince et de M. de Turenne est un peu violent; mais il s'en excuse en niant que ce soit un parallèle, et en disant que c'est un grand spectacle qu'il présente de deux grands hommes que Dieu a donnés au roi, et tire de là une occasion fort naturelle de louer Sa Majesté, qui sait se passer de ces deux grands capitaines, tant est fort son génie, tant ses destinées sont glorieuses. Je gâte encore cet endroit; mais il est beau. Adieu, mon cousin; je suis lasse, et vous aussi. Je t'embrasse, ma nièce, et ton petit de Langheac.

A MADAME DE GRIGNAN.

> A Paris. jour de la Toussaint 1688, à neuf heures du soir.

Philippsbourg est pris, ma chère enfant, *votre fils se porte bien*. Je n'ai qu'à tourner cette phrase de tous côtés, car je ne veux point changer de discours. Vous apprendrez donc par ce billet que *votre enfant se porte bien, et que Philippsbourg est pris*. Un courrier vient d'arriver chez M. de Villacerf, qui dit que celui de Monseigneur est arrivé à Fontainebleau pendant que le père Gaillard prêchait; on l'a interrompu, et on a remercié Dieu dans le moment d'un si heureux succès et d'une si belle conquête. On ne sait point de détail, sinon qu'il n'y a point eu d'assaut, et que M. du Plessis disait vrai, quand il assurait que le gouverneur faisait faire des chariots pour porter son équipage. Respirez donc, ma chère enfant, remerciez Dieu premièrement : il n'est point question d'un autre siége ; jouissez du plaisir que votre fils ait vu celui de Philippsbourg ; c'est une date admirable, c'est la première campagne de M. le Dauphin : ne seriez-vous pas au désespoir qu'il fût seul de son âge qui n'eût point été à cette occasion, et que tous les autres fissent les entendus ? Ah ! mon Dieu, ne parlons point de cela, tout est à souhait. C'est vous, mon cher comte, qu'il en faut remercier : je me réjouis de la joie que vous devez avoir ; j'en fais mon compliment à notre coadjuteur, voilà une grande peine dont vous êtes tous soulagés. Dormez donc, ma très-belle ; mais dormez sur notre parole : si vous êtes avide de désespoirs, comme nous le disions autrefois, cherchez-en d'autres, car Dieu vous a conservé votre cher enfant : nous en sommes transportés, et je vous embrasse dans cette joie avec une tendresse dont je crois que vous ne doutez pas.

A MADAME DE GRIGNAN.

A Paris, mercredi 8 décembre 1688.

Ce petit fripon, après nous avoir mandé qu'il n'arriverait qu'hier mardi, arriva comme un petit étourdi avant-hier, à sept heures du soir, que je n'étais pas revenue de la ville. Son oncle le reçut, et fut ravi de le voir ; et moi, quand je revins, je le trouvai tout gai, tout joli, qui m'embrassa cinq ou six fois de très-bonne grâce ; il me voulait baiser les mains, je voulais baiser ses joues, cela faisait une contestation : je pris enfin possession de sa tête ; je le baisai à ma fantaisie : je voulus voir sa contusion ; mais comme elle est, ne vous déplaise, à la cuisse gauche, je ne trouvai pas à propos de lui faire mettre chausses bas. Nous causâmes le soir avec ce petit compère; il adore votre portrait, il voudrait bien voir sa chère maman : mais la qualité de guerrier est si sévère, qu'on n'oserait rien proposer. Je voudrais que vous lui eussiez entendu conter négligemment sa contusion, et la vérité du peu de cas qu'il en fit, et du peu d'émotion qu'il en eut, lorsque dans la tranchée tout en était en peine. Au reste, ma chère enfant, s'il avait retenu vos leçons, et qu'il se fût tenu droit, il était mort : mais, suivant sa bonne coutume, étant assis sur la banquette, il était penché sur le comte de Guiche, avec qui il causait. Vous n'eussiez jamais cru, ma fille, qu'il eût été si bon d'être un peu de travers. Nous causons avec lui sans cesse, nous sommes ravis de le voir, et nous soupirons que vous n'ayez point le même plaisir. M. et madame de Coulanges vinrent le voir le lendemain matin : il leur a rendu leur visite; il a été chez M. de Lamoignon : il cause, il répond; enfin c'est un autre garçon. Je lui ai un peu conté comment il faut parler des cordons bleus : comme il n'est question d'autre chose, il est bon de savoir ce qu'on doit dire, pour ne pas aller donner à travers des décisions naturelles qui sont sur le bord de la langue : il a fort bien entendu tout cela. Je lui ai dit que M. de Lamoignon, accoutumé au caquet du petit Broglio, ne s'accommoderait pas d'un silencieux; il a fort bien causé : il est, en vérité, fort joli. Nous mangeons ensemble, ne vous mettez point en peine; le chevalier prend le marquis, et moi M. du Plessis, et cela nous fait un jeu. Versailles nous séparera, et je garderai M. du Plessis. J'approuve fort le bon augure d'avoir été préservé par son épée. Au reste, ma très-chère, si vous aviez été ici, nous aurions fort bien pu aller à Livry : j'en suis, en vérité, la maîtresse, comme autrefois. Je vous remercie d'y avoir pensé. Pauline n'est donc pas parfaite? tant mieux, vous vous divertirez à la repétrir : menez-la doucement; l'envie de vous plaire fera plus que toutes les gronderies. Toutes mes amies ne cessent de vous aimer, de vous estimer, de vous louer; cela redouble l'amitié que j'ai pour elles. J'ai mes poches pleines de compliments pour vous. J'ai trouvé, comme vous, le mois de novembre assez long, assez plein de grands événements; mais je vous avoue que le mois d'octobre m'a paru bien plus long et plus ennuyeux; je ne pouvais du tout m'accoutumer à ne point vous trouver à tout moment : ce temps a été bien douloureux; votre enfant a fait de la diversion dans le mois passé. Enfin je ne vous dirai plus : Il reviendra; vous ne le voulez pas : vous voulez qu'on vous dise : Le voilà. Oh! tenez donc, le voilà lui-même en personne.

LE MARQUIS DE GRIGNAN.

Si ce n'est lui-même, c'est donc son frère, ou bien quelqu'un des siens. Me voilà donc arrivé, madame; et songez que j'ai été voir de mon chef M. de Lamoignon, madame de Coulanges et madame de Bagnols. N'est-ce pas l'action d'un homme qui revient de trois siéges? J'ai causé avec M. de Lamoignon auprès de son feu; j'ai pris du café avec madame de Bagnols; j'ai été coucher chez un baigneur : autre action de grand homme. Vous ne sauriez croire la joie que j'ai d'avoir une si belle compagnie, je vous en ai l'obligation : je l'irai voir quand elle passera à Châlons. Voilà donc déjà une bonne compagnie, un bon lieutenant, un bon maréchal-des-logis : pour le capitaine, il est encore jeune, mais j'en réponds. Adieu, madame; permettez-moi vous baiser les deux mains bien respectueusement.

A MADAME DE GRIGNAN.

A Paris, lundi 10 janvier 1689.

Nous pensons souvent les mêmes choses, ma chère belle; je crois même vous avoir mandé des Rochers ce que vous m'écrivez dans votre dernière lettre sur le temps. Je consens maintenant qu'il avance; les jours n'ont plus rien pour moi de si cher, ni de si précieux; je les sentais ainsi quand vous étiez à l'hôtel de Carnavalet; je vous l'ai souvent dit, je ne rentrais jamais sans une joie sensible, je ménageais les heures, j'en étais avare : mais dans l'absence ce n'est plus cela, on ne s'en soucie point, on les pousse même quelquefois; on espère, on avance dans un temps auquel on aspire; c'est un ouvrage de tapisserie que l'on veut achever; on est libérale des jours, on les jette à qui en veut. Mais, ma chère enfant, je vous avoue que quand je pense tout d'un coup où me conduit cette dissipation et cette magnificence d'heures et de jours, je tremble, je n'en trouve plus d'assurés, et la raison me présente ce qu'infailliblement je trouverai dans mon chemin. Ma fille, je veux finir ces réflexions avec vous, et tâcher de les rendre bien solides pour moi.

L'abbé Têtu est dans une insomnie qui fait tout craindre. Les médecins ne voudraient pas répondre de son esprit; il sent son état, et c'est une douleur : il ne subsiste que par l'opium; il tâche de se divertir, de se dissiper; il cherche des spectacles. Nous voulons l'envoyer à Saint-Germain pour y voir établir le roi, la reine d'Angleterre et le prince de Galles : peut-on voir un événement plus grand, et plus digne de faire de grandes diversions? Pour la fuite du roi, il paraît que le prince (d'Orange) l'a bien voulue. Le roi fut envoyé à Exeter, où il avait dessein d'aller : il était fort bien gardé par le devant de sa maison, tandis que toutes les portes de derrière étaient libres et ouvertes. Le prince n'a point songé à faire périr son beau-père; il est dans Londres à la place du roi, sans en prendre le nom, ne voulant que rétablir une religion qu'il croit bonne, et maintenir les lois du pays, sans qu'il en coûte

une goutte de sang : voilà l'envers tout juste de ce que nous
pensons de lui, ce sont des points de vue bien différents. Cependant le roi fait pour ces Majestés anglaises des choses toutes divines ; car n'est-ce point être l'image du Tout-Puissant
que de soutenir un roi chassé, trahi, abandonné comme il
l'est? La belle âme du roi se plaît à jouer ce grand rôle. Il fut
au-devant de la reine avec toute sa maison et cent carrosses à
six chevaux. Quand il aperçut le carrosse du prince de Galles,
il descendit, et l'embrassa tendrement, puis il courut au-devant de la reine, qui était descendue ; il la salua, lui parla
quelque temps, la mit à sa droite dans son carrosse, lui présenta Monseigneur et Monsieur qui furent aussi dans le carrosse, et la mena à Saint-Germain, où elle se trouva toute servie comme la reine, de toute sorte de hardes, parmi lesquelles
était une cassette très-riche, avec six mille louis d'or. Le lendemain le roi d'Angleterre devait arriver, le roi l'attendait à
Saint-Germain, où il arriva tard, parce qu'il venait de Versailles ; enfin, le roi alla au bout de la salle des gardes, au-
devant de lui : le roi d'Angleterre se baissa fort, comme s'il
eût voulu embrasser ses genoux ; le roi l'en empêcha, et l'embrassa à trois ou quatre reprises fort cordialement. Ils se parlèrent bas un quart d'heure ; le roi lui présenta Monseigneur,
Monsieur, les princes du sang, et le cardinal de Bonzi : il le
conduisit à l'appartement de la reine, qui eut peine à retenir
ses larmes. Après une conversation de quelques instants, Sa
Majesté les mena chez le prince de Galles, où ils furent encore
quelque temps à causer, et les y laissa, ne voulant point être
reconduit, et disant au roi : « Voici votre maison ; quand j'y
« viendrai, vous m'en ferez les honneurs, et je vous les ferai
« quand vous viendrez à Versailles. » Le lendemain, qui était
hier, madame la Dauphine y alla, et toute la Cour. Je ne sais

comme on aura réglé les chaises des princesses, car elles en eurent à la reine d'Espagne ; et la reine mère d'Angleterre était traitée comme fille de France : je vous manderai ce détail. Le roi envoya dix mille louis d'or au roi d'Angleterre : ce dernier paraît vieilli et fatigué, la reine maigre, et des yeux qui ont pleuré, mais beaux et noirs ; un beau teint un peu pâle ; la bouche grande, de belles dents, une belle taille, et bien de l'esprit ; tout cela compose une personne qui plaît fort. Voilà de quoi subsister longtemps dans les conversations publiques.

A MADAME DE GRIGNAN.

A Paris, vendredi 14 janvier 1689.

Me voici, ma chère fille, après le dîner, dans la chambre du chevalier : il est dans sa chaise, avec mille petites douleurs qui courent par toute sa personne. Il a fort bien dormi, mais cet état de résidence et de ne pouvoir sortir lui donne beaucoup de chagrins et de vapeurs ; j'en suis touchée, et j'en connais le malheur et les conséquences plus que personne. Il fait un froid extrême ; notre thermomètre est au dernier degré, notre rivière est prise ; il neige, et gèle et regèle en même temps ; on ne se soutient pas dans les rues ; je garde notre maison et la chambre du chevalier : si vous n'étiez point quinze jours à me répondre, je vous prierais de me mander si je ne l'incommode point d'y être tout le jour ; mais comme le temps me presse, je le demande à lui-même, et il me semble qu'il le veut bien. Voilà un froid qui contribue encore à ses incommodités : ce n'est pas un de ces froids qu'il souhaite ; il est mauvais quand il est excessif.

M. Gobelin est toujours à Saint-Cyr. Madame de Brinon est à Maubuisson, où elle s'ennuiera bientôt ; cette personne ne saurait durer en place ; elle a fait plusieurs conditions, changé de plusieurs couvents ; son grand esprit ne la met point à couvert de ce défaut. Madame de Maintenon est fort occupée de la comédie qu'elle fait jouer par ses petites filles (*de Saint-Cyr*); ce sera une fort belle chose, à ce que l'on dit. Elle a été voir la reine d'Angleterre, qui, l'ayant fait attendre un moment, lui dit qu'elle était fâchée d'avoir perdu ce temps de la voir et de l'entretenir, et la reçut fort bien. On est content de cette reine; elle a beaucoup d'esprit. Elle dit au roi, lui voyant caresser le prince de Galles, qui est fort beau : « J'avais envié le « bonheur de mon fils, qui ne sent point ses malheurs ; mais « à présent je le plains de ne point sentir les caresses et les « bontés de Votre Majesté. » Tout ce qu'elle dit est juste et de bon sens , son mari n'est pas de même ; il a bien du courage, mais un esprit commun, qui conte tout ce qui s'est passé en Angleterre avec une insensibilité qui en donne pour lui. Il est bon homme, et prend part à tous les plaisirs de Versailles. Madame la Dauphine n'ira point voir cette reine ; elle voudrait avoir la droite et un fauteuil, cela n'a jamais été ; elle sera toujours au lit ; la reine la viendra voir. MADAME aura un fauteuil à main gauche, et les princesses du sang n'iront qu'avec elle, devant qui elles n'ont que des tabourets. Les duchesses y seront, comme chez madame la Dauphine : voilà qui est réglé. Le roi a su qu'un roi de France n'avait donné qu'un fauteuil à la gauche à un prince de Galles ; il veut que le roi d'Angleterre traite ainsi M. le Dauphin, et passe devant lui. Il recevra MONSIEUR sans fauteuil et sans cérémonie. La reine l'a salué, et n'a pas laissé de dire au roi, notre maître, ce que je vous ai conté. Il n'est pas assuré que M. de Schomberg ait encore la place du prince d'Orange en Hollande. On ne fait que mentir cette année. La marquise (*d'Uxelles*) reprend tous les ordinaires les nouvelles qu'elle a mandées : appelle-t-on cela savoir ce qui se passe? Je hais ce qui est faux.

L'étoile de M. de Lauzun repâlit; il n'a point de logement, il n'a point ses anciennes entrées : on lui a ôté le romanesque et le merveilleux de son aventure . elle est devenue quasi tout unie : voilà le monde et le temps.

AU COMTE DE BUSSY.

A Paris, lundi 17 janvier 1689.

Cette Cour d'Angleterre est tout établie à Saint-Germain; ils n'ont voulu que cinquante mille francs par mois, et ont réglé leur Cour sur ce pied. La reine plaît fort; le roi cause agréablement avec elle, elle a l'esprit juste et aisé. Le roi avait désiré que madame la Dauphine y allât la première; elle a toujours si bien dit *qu'elle était malade*, que cette reine vint la voir il y a trois jours, habillée en perfection : une robe de velours noir, une belle jupe, bien coiffée, une taille comme la princesse de Conti, beaucoup de majesté. Le roi alla la recevoir à son carrosse; elle fut d'abord chez lui, où elle eut un fauteuil au-dessus de celui du roi; elle y fut une demi-heure, puis il la mena chez madame la Dauphine, qui fut trouvée debout; cela fit un peu de surprise : la reine lui dit : « Madame, « je vous croyais au lit. — Madame, dit madame la Dauphine, « j'ai voulu me lever, pour recevoir l'honneur que Votre Majesté me fait. » Le roi les laissa, parce que madame la Dauphine n'a point de fauteuil devant lui. Cette reine se mit à la bonne place, dans un fauteuil, madame la Dauphine à sa droite, Madame à sa gauche, trois autres fauteuils pour les trois petits princes : on causa fort bien plus d'une demi-heure; il y avait beaucoup de duchesses, la Cour fort grosse. Enfin, elle s'en alla; le roi se fit avertir, et la remit dans son car-

rosse. Je ne sais jusqu'où le conduisit madame la Dauphine ;
je le saurai. Le roi remonta, et loua fort la reine ; il dit :
« Voilà comme il faut que soit une reine, et de corps et d'es-
« prit, tenant sa Cour avec dignité. » Il admira son courage
dans ses malheurs, et la passion qu'elle avait pour le roi son
mari ; car il est vrai qu'elle l'aime, comme vous l'a dit cette
diablesse de madame de R..... Celles de nos dames qui voulaient faire les princesses n'avaient point baisé la robe de la
reine, quelques duchesses en voulaient faire autant : le roi l'a
trouvé fort mauvais ; on lui baise les pieds présentement. Madame de Chaulnes a su tous ces détails, et n'a point encore
rendu ce devoir. Elle a laissé le marquis à Versailles, parce
que le petit compère s'y divertit fort bien : il a mandé à son
oncle qu'il irait aujourd'hui au ballet, à Trianon : M. le chevalier vous enverra sa lettre. Il est donc là sur sa bonne foi,
faisant toutes les commissions que son oncle lui donne, pour
l'accoutumer à être exact, aussi bien qu'à calculer : quel bien
ne lui fera point cette sorte d'éducation ! J'ai reçu une réponse
de M. de Carcassonne ; c'est une pièce rare, mais il faut s'en
taire ; j'y répondrai bien, je vous en assure : il a pris sérieusement et de travers tout mon badinage. Ah ! ma fille, que je
comprends parfaitement vos larmes, quand vous vous repré-
sentez ce petit garçon à la tête de sa compagnie, et tout ce
qui peut arriver de bonheur et de malheur à cette place ?
L'abbé Têtu est toujours dans ses vapeurs très-noires. J'ai dit à
madame de Coulanges toutes vos douceurs : elle veut toujours
vous écrire dans ma lettre ; mais cela ne se trouve jamais.
M. le chevalier ne veut pas qu'on finisse en disant des amitiés ; mais malgré lui je vous embrasserai tendrement, et je
vous dirai que je vous aime avec une inclination naturelle,
soutenue de toute l'amitié que vous avez pour moi, et de tout

ce que vous valez. Eh bien! quel ma. trouve-t-il à finir ainsi une lettre, et à dire ce que l'on sent et ce que l'on pense toujours.

Bonjour, monsieur le comte; vous êtes donc tous deux dans les mêmes sentiments pour vos affaires et pour votre dépense? Plût à Dieu que vous eussiez toujours été ainsi! Bonjour, Pauline, ma mignonne; je me moque de vous; après avoir pensé six semaines à me donner un nom entre ma *g⁻and'mère* et *madame*, enfin vous avez trouvé *madame*.

A MADAME DE GRIGNAN.

A Paris, lundi **21** février 1689.

Il est vrai, ma chère fille, que nous voilà bien cruellement séparées l'une de l'autre, *aco fa trembla*. Ce serait une belle chose si j'y avais ajouté le chemin d'ici aux Rochers ou à Rennes; mais ce ne sera pas sitôt; madame de Chaulnes veut voir la fin de plusieurs affaires, et je crains seulement qu'elle ne parte trop tard, dans le dessein que j'ai de revenir l'hiver prochain, par plusieurs raisons, dont la première est que je suis très-persuadée que M. de Grignan sera obligé de revenir pour sa chevalerie, et que vous ne sauriez prendre un meilleur temps pour vous éloigner de votre château culbuté et inhabitable, et venir faire un peu votre cour avec M. le chevalier de l'ordre, qui ne le sera qu'en ce temps-là. Je fis la mienne l'autre jour à Saint-Cyr, plus agréablement que je n'eusse jamais pensé. Nous y allâmes samedi, madame de Coulanges, madame de Bagnols, l'abbé Têtu et moi. Nous trouvâmes nos places gardées : un officier dit à madame de Coulanges que madame de Maintenon lui faisait garder un siége auprès d'elle; vous voyez quel honneur. Pour vous, madame, me dit-il, vous pouvez choisir; je me mis avec madame de Bagnols au second banc derrière les duchesses. Le maréchal de Bellefonds vint se mettre, par choix, à mon côté droit, et devant c'étaient mesdames d'Auvergne, de Coislin et de Sully; nous écoutâmes, le maréchal et moi, cette tragédie avec une attention qui fut remarquée, et de certaines louanges sourdes et bien placées, qui n'étaient peut-être pas sous les *fontanges* de toutes les dames. Je ne puis vous dire l'excès de l'agrément de cette pièce : c'est une chose qui n'est pas aisée à représenter, et qui ne sera jamais imitée; c'est un rapport de la musique, des vers, des chants, des personnes, si parfait et si complet, qu'on n'y souhaite rien; les filles qui font des rois et des personnages sont faites exprès : on est attentif, et on n'a point d'autre peine que celle de voir finir une si aimable pièce : tout y est simple, tout y est innocent, tout y est sublime et touchant; cette fidélité de l'histoire sainte donne du respect; tous les chants convenables aux paroles, qui sont tirées des Psaumes et de la *Sagesse*, et mis dans le sujet, sont d'une beauté qu'on ne soutient pas sans larmes : la mesure de l'approbation qu'on donne à cette pièce, c'est celle du goût et de l'attention. J'en fus charmée et le maréchal aussi, qui sortit de sa place pour aller dire au roi combien il était content, et qu'il était auprès d'une dame qui était bien digne d'avoir vu *Esther*. Le roi vint vers nos places, et, après avoir tourné, il s'adressa à moi et me dit : « Madame, je suis assuré que vous avez été contente. » Moi, sans m'étonner, je répondis : « Sire, je suis charmée; ce que je sens est au-dessus des paroles. » Le roi me dit : « Racine a bien de l'esprit. » Je lui dis : « Sire, il en a beaucoup; mais, en vérité, ces jeunes personnes en ont beaucoup aussi : elles entrent dans le sujet comme si elles n'avaient jamais fait autre chose. —Ah! pour cela, reprit-il, il est vrai. » Et puis Sa Majesté s'en alla et me laissa l'objet de l'envie : comme il n'y avait quasi que moi de nouvelle venue, le roi eut quelque plaisir de voir mes sincères admirations sans bruit et sans éclat. M. le Prince et madame la Princesse vinrent me dire un mot : madame de Maintenon un éclair, elle s'en allait avec le roi; je répondis à tout, car j'étais en fortune.

Nous revînmes le soir aux flambeaux : je soupai chez madame de Coulanges, à qui le roi avait parlé aussi avec un air d'être chez lui, qui lui donnait une douceur trop aimable. Je vis le soir M. le chevalier, je lui contai tout naïvement mes petites prospérités, ne voulant point les cachotter sans savoir pourquoi, comme de certaines personnes; il en fut content, et voilà qui est fait; je suis assurée qu'il ne m'a point trouvé, dans la suite, ni une sotte vanité, ni un transport de bourgeoise : demandez-lui. M. de Meaux (*Bossuet*) me parla fort de vous, M. le Prince aussi : je vous plaignis de n'être pas là; mais le moyen? on ne peut pas être partout. Vous étiez à votre opéra de Marseille : comme *Atys* est non-seulement *trop heureux*, mais trop charmant, il est impossible que vous vous y soyez ennuyée. Pauline doit avoir été surprise du spectacle; elle n'est pas en droit d'en souhaiter un plus parfait. J'ai une idée si agréable de Marseille, que je suis assurée que vous n'avez pas pu vous y ennuyer, et je parie pour cette dissipation contre celle d'Aix.

Mais ce samedi même, après cette belle *Esther*, le roi apprit la mort de la jeune reine d'Espagne, en deux jours, par de grands vomissements : cela sent bien le fagot. Le roi le dit à Monsieur le lendemain, qui était hier : la douleur fut vive; Madame criait les hauts cris; le roi en sortit tout en larmes.

Votre enfant est allé à Versailles pour se divertir ces jours gras; mais il a trouvé la douleur de la reine d'Espagne : il se-

rait revenu, sans que son oncle le va trouver tout à l'heure.
Voilà un carnaval bien triste et un grand deuil.

Adieu, ma très-aimable : de tous ceux qui commandent dans
les provinces, croyez que M. de Grignan est le plus agréablement placé.

A MADAME DE GRIGNAN.

Aux Rochers, mercredi 30 novembre 1689.

Vous avez donc été frappée du mot de madame de La
Fayette, mêlé avec tant d'amitié[1]. Quoique je ne me laisse pas
oublier cette vérité, j'avoue que j'en fus tout étonnée; car je ne
me sens encore aucune décadence qui m'en fasse souvenir. Je
ne laisse pas cependant de faire souvent des réflexions et des
supputations, et je trouve les conditions de la vie assez dures.
Il me semble que j'ai été traînée, malgré moi, à ce point fatal
où il faut souffrir la *vieillesse :* je la vois, m'y voilà, et je voudrais bien, au moins, ménager de ne pas aller plus loin, de
ne point avancer dans ce chemin des infirmités, des douleurs,
des pertes de mémoire, des *défigurements* qui sont près de
m'outrager, et j'entends une voix qui dit : Il faut marcher
malgré vous, ou bien, si vous ne voulez pas, il faut mourir,
qui est une autre extrémité à quoi la nature répugne. Voilà
pourtant le sort de tout ce qui avance un peu trop; mais un
retour à la volonté de Dieu, et à cette loi universelle où nous
sommes condamnés, remet la raison à sa place, et fait prendre
patience : prenez-la donc aussi, ma très-chère, et que votre
amitié trop tendre ne vous fasse point jeter des larmes que votre raison doit condamner.

---

[1] Madame de La Fayette écrivait à madame de Sévigné, le 8 octobre
précédent . « Vous êtes vieille, vous vous ennuierez, votre esprit deviendra
« triste, et baissera, etc. »

Je n'eus pas une grande peine à refuser les offres de mes
amies; j'avais à leur répondre : *Paris est en Provence*, comme
vous : *Paris est en Bretagne;* mais il est extraordinaire que
vous le sentiez comme moi. Paris est donc tellement en Provence pour moi, que je ne voudrais pas être cette année autre
part qu'ici. Ce mot, *d'être l'hiver aux Rochers*, effraye : hélas! ma fille, c'est la plus douce chose du monde; je ris quelquefois, et je dis : C'est donc là ce qu'on appelle passer l'hiver dans des bois. Madame de Coulanges me disait l'autre jour :
Quittez vos *humides* Rochers; je lui répondis : *Humide* vous-
même : C'est Brevannes qui est humide, mais nous sommes
sur une hauteur; c'est comme si vous disiez : Votre humide
Montmartre. Ces bois sont présentement tout pénétrés du soleil, quand il en fait; un terrain sec, et une place, *Madame*,
où le midi est à plomb; et un bout d'une grande allée, où le
couchant fait des merveilles; et, quand il pleut, une bonne
chambre avec un grand feu, souvent deux tables de jeu, comme
présentement; il y a bien du monde qui ne m'incommode point,
je fais mes volontés; et, quand il n'y a personne, nous sommes
encore mieux, car nous lisons avec un plaisir que nous préfé-
rons à tout. Madame de Marbeuf nous est fort bonne; elle entre
dans tous nos goûts; mais nous ne l'aurons pas toujours. Voilà
une idée que j'ai voulu vous donner, afin que votre amitié soit
en repos.

A MADAME DE GRIGNAN.

Aux Rochers, mercredi, 14 décembre 1689.

Si M. le chevalier lisait vos lettres, ma chère comtesse, il
n'irait pas chercher, pour se divertir, celles qui viennent de si
loin. Ce que vous me mandiez l'autre jour sur Livry, que
nous prêtons à M. Sanguin, lui permettant même d'y faire une

fontaine; tout cet endroit, celui de madame de Coulanges, et dans vos amitiés même, tout est si plein de sel, que nous croyons que vous n'avez point d'autre poudre pour vos lettres. J'admire la gaieté de votre style au milieu de tant d'affaires épineuses, accablantes, étranglantes. Vraiment, c'est bien vous, ma chère enfant, qu'il faut admirer, et non pas moi ; je suis seule comme une violette, aisée à cacher ; je ne tiens aucune place, ni aucun rang sur la terre, que dans votre cœur, que j'estime plus que tout le reste, et dans celui de mes amis. Ce que je fais est la chose du monde la plus aisée. Mais vous, dans le rang que vous tenez, dans la plus brillante et la plus passante province de France, joindre l'économie à la magnificence d'un gouverneur, c'est ce qui n'est pas imaginable, et ce que je ne comprends pas aussi qui puisse durer longtemps, surtout avec la dépense de votre fils, qui augmente tous les jours. Comme ces pensées troublent souvent mon repos, je crains bien qu'étant plus près de cet abîme, vous ne soyez aussi plus livrée à ces tristes réflexions : voilà, ma chère comtesse, ma véritable peine ; car pour la solitude, elle ne m'attriste point du tout.

J'ai écrit au marquis, quoique je lui eusse déjà fait mon compliment ; je le prie de lire dans cette vilaine garnison, où il n'a rien à faire, je lui dis que, puisqu'il aime la guerre, c'est quelque chose de monstrueux de n'avoir point envie de voir les livres qui en parlent, et de connaître les gens qui ont excellé dans cet art ; je le gronde, je le tourmente ; j'espère que nous le ferons changer : ce serait la première porte qu'il nous aurait refusé d'ouvrir. Je suis moins fâchée qu'il aime un peu à dormir, sachant bien qu'il ne manquera jamais à ce qui touche sa gloire, que je ne le suis de ce qu'il aime à jouer. Je lui fais entrevoir que c'est sa ruine : s'il joue peu, il per-

dra peu : mais c'est une petite pluie qui mouille; s'il joue
mal, il sera trompé : il faudra payer; et s'il n'a point d'argent, ou il manquera de parole, ou il prendra sur son nécessaire

On est malheureux aussi parce qu'on est ignorant; car,
même sans être trompé, il arrive qu'on perd toujours. Enfin,
ma fille, ce serait une très-mauvaise chose, et pour lui et pour
vous qui en sentiriez le contre-coup. Le marquis serait donc
bien heureux d'aimer à lire, comme Pauline qui est ravie de
savoir et de connaître. La jolie, l'heureuse disposition! on est
au-dessus de l'ennui et de l'oisiveté, deux vilaines bêtes. Les
romans sont bientôt lus : je voudrais que Pauline eût quelque
ordre dans le choix des histoires, qu'elle commençât par un
bout, et qu'elle finît par l'autre, pour lui donner une teinture
légère, mais générale, de toutes choses. Ne lui dites-vous rien
de la géographie? Nous reprendrons une autre fois cette conversation. *Davila* est admirable : mais on l'aime mieux quand
on connaît un peu ce qui conduit à ce temps-là, comme
Louis XII, François Ier, et d'autres. Ma fille, c'est à vous à
gouverner et à rectifier; c'est votre devoir, vous le savez.
Pour le reste, je me doutais bien que, dans très-peu de temps,
vous la rendriez très-aimable et très-jolie; de l'esprit et une
grande envie de vous plaire : il n'en faut pas davantage.

A MADAME DE GRIGNAN.

Aux Rochers, 15 janvier 1690.

Vous me demandez si je suis toujours une petite dévote qui
ne vaut guère; oui, justement, voilà ce que je suis toujours,
et pas davantage, à mon grand regret. Tout ce que j'ai de
bon, c'est que je sais bien ma religion, et de quoi il est question; je ne prendrai point le faux pour le vrai; je sais ce qui

est bon et ce qui n'en a que l'apparence ; j'espère ne m'y point méprendre, et que Dieu m'ayant déjà donné de bons senti- ments, il m'en donnera encore : les grâces passées me garan- tissent en quelque sorte celles qui viendront ; ainsi je vis dans la confiance, mêlée pourtant de beaucoup de crainte. Mais je vous gronde de trouver notre Corbinelli *le mystique du diable*, votre frère en pâme de rire ; je le gronde comme vous. Com- ment, *mystique du diable !* un homme qui ne songe qu'à dé- truire son empire ; qui ne cesse d'avoir commerce avec les ennemis du diable, qui sont les saints et les saintes de l'Église ; un homme qui ne compte pour rien son chien de corps ; qui souffre la pauvreté *chrétiennement*, vous direz *philosophique- ment ;* qui ne cesse de célébrer les perfections et l'existence de Dieu ; qui ne juge jamais son prochain, qui l'excuse toujours ; qui passe sa vie dans la charité et le service du prochain ; qui est insensible aux plaisirs et aux délices de la vie ; qui, enfin, malgré sa mauvaise fortune, est entièrement soumis à la vo- lonté de Dieu ! Et vous appelez cela *le mystique du diable !* Vous ne sauriez nier que ce ne soit là le portrait de notre pauvre ami : cependant il y a dans ce mot un air de plaisante- rie qui fait rire d'abord, et qui pourrait surprendre les simples. Mais je résiste comme vous voyez, et je soutiens le fidèle ad- mirateur de sainte Thérèse, de ma grand'mère (*sainte Chantal*) et du bienheureux Jean de la Croix.

A propos de Corbinelli, il m'écrivit l'autre jour un fort joli billet ; il me rendait compte d'une conversation et d'un dîner chez M. de Lamoignon : les acteurs étaient les maîtres du lo- gis, et M. de Troyes, M. de Toulon, le père Bourdaloue, son com- pagnon, Despréaux et Corbinelli. On parla des ouvrages des anciens et des modernes : Despréaux soutint les anciens, à la réserve d'un seul moderne, qui surpassait, à son goût, et les

vieux et les nouveaux. Le compagnon de Bourdaloue, qui faisait l'entendu, et qui s'était attaché à Despréaux et à Corbinelli, lui demanda quel était donc ce livre si distingué dans
son esprit. Despréaux ne voulut pas le nommer; Corbinelli
lui dit : « Monsieur, je vous conjure de me le dire, afin que je le
lise toute la nuit. » Despréaux lui répondit en riant : « Ah ! monsieur, vous l'avez lu plus d'une fois, j'en suis assuré. » Le jé-
suite reprend avec un air dédaigneux, *un co' tal riso amaro*, et
presse Despréaux de nommer cet auteur si merveilleux. Despréaux lui dit : « Mon Père, ne me pressez point. » Le Père
continue. Enfin, Despréaux le prend par le bras, et, le serrant
bien fort, lui dit : « Mon Père, vous le voulez; hé bien ! mor-
bleu, c'est Pascal. » — Corbinelli me promet le reste dans une
conversation; mais moi, qui suis persuadée que vous trouverez
cette scène aussi plaisante que je l'ai trouvée, je vous l'écris,
et je crois que si vous la lisez avec vos bons tons, vous en serez assez contente. Ma fille, je vous gronde d'être un seul moment en peine de moi, quand vous ne recevez pas mes lettres;
vous oubliez les manières de la poste, il faut s'y accoutumer et
quand je serais malade, ce que je ne suis point du tout, je ne
vous en écrirais pas moins quelques lignes, ou mon fils ou quelqu'un : enfin vous auriez de mes nouvelles; mais nous n'en
sommes pas là.

On me mande que plusieurs duchesses et grandes dames ont
été enragées, étant à Versailles, de n'être pas du souper du
jour des Rois : voilà ce qui s'appelle des afflictions. Vous savez mieux que moi les autres nouvelles.

Je trouve Pauline bien suffisante de savoir les échecs; si elle
savait combien ce jeu est au-dessus de ma portée, je crain-
drais son mépris. Ah ! oui, je m'en souviens, je n'oublierai
jamais ce voyage : hélas! est-il possible qu'il y ait vingt-un

ans ? je ne le comprends pas ; il me semble que ce fut l'année passée ; mais je juge, par le peu que m'a duré ce temps, ce que me paraîtront les années qui viendront encore.

AU COMTE DE BUSSY.

Grignan, ce 13 novembre 1690.

Quand vous verrez la date de cette lettre, mon cousin, vous me prendrez pour un oiseau. Je suis passée courageusement de Bretagne en Provence. Si ma fille eût été à Paris, j'y serais allée : mais sachant qu'elle passerait l'hiver dans ce beau pays, je me suis résolue de le venir passer avec elle, jouir de son beau soleil, et retourner à Paris avec elle l'année qui vient. J'ai trouvé qu'après avoir donné seize mois à mon fils, il était bien juste d'en donner quelques uns à ma fille ; et ce projet, qui paraissait de difficile exécution, ne m'a pas coûté trop depeine. J'ai été trois semaines à faire ce trajet en litière, et sur le Rhône. J'ai pris même quelques jours de repos, et enfin j'ai été reçue de M. de Grignan et de ma fille avec une amitié si cordiale, une joie et une reconnaissance si sincères, que j'ai trouvé que je n'ai pas fait encore assez de chemin pour venir voir de si bonnes gens, et que les cent cinquante lieues que j'ai faites ne m'ont point du tout fatiguée. Cette maison est d'une grandeur, d'une beauté et d'une magnificence de meubles dont je vous entretiendrai quelque jour. J'ai voulu vous donner avis de mon changement de climat, afin que vous ne m'écriviez plus aux Rochers, mais bien ici, où je sens un soleil capable de rajeunir par sa douce chaleur. Nous ne devons pas négliger présentement ces petits secours, mon cher cousin. Je reçus votre dernière lettre avant de partir de Bretagne : mais j'étais si accablée d'affaires, que je remis à vous faire réponse ici. Nous apprîmes l'autre jour la mort de M. de Seignelai. Quelle jeunesse ! quelle

12

fortune! quels établissements! Rien ne manquait à son bonheur : il nous semble que c'est la splendeur qui est morte. Ce
qui nous a surpris, c'est qu'on dit que madame de Seignelai
renonce à la communauté, parce que son mari doit cinq millions. Cela fait voir que les grands revenus sont inutiles quand
on en dépense deux ou trois fois autant. Enfin, mon cher cousin,
la mort nous égale tous ; c'est où nous attendons les gens heureux. Elle rabat leur joie et leur orgueil, et console par là ceux
qui ne sont pas fortunés. Un petit mot de christianisme ne serait pas mauvais en cet endroit ; mais je ne veux pas faire un
sermon, je ne veux faire qu'une lettre d'amitié à mon cher
cousin, lui demander de ses nouvelles, de celles de sa chère
fille, les embrasser tous deux de tout mon cœur, les assurer de
l'estime et des services de madame de Grignan et de son époux,
qui m'en prient, et les conjurer de m'aimer toujours : ce n'est
pas la peine de changer après tant d'années.

A M. DE COULANGES.

A Grignan, le 10 avril 169f.

Nous avons reçu une lettre, du 31 mars, de notre cher ambassadeur ; elle est venue en sept jours ; cette diligence est
agréable, mais ce qu'il nous mande l'est encore davantage ; on
ne peut écrire plus spirituellement. Ma fille prend le soin de
lui répondre ; et comme je la prie de lui envoyer le Saint-
Esprit en diligence, non-seulement pour faire un pape, mais
pour finir promptement toutes sortes d'affaires, afin de nous
venir voir, elle m'assure qu'elle lui enverra la prise de Nice en
cinq jours de tranchée ouverte, par M. de Catinat, et que cette
nouvelle fera le même effet pour nos bulles.

Mais parlons de votre affliction d'avoir perdu cet aimable
ménage, qui a si bien célébré votre mérite en vers et en prose,

tandis que vous avez si bien senti l'agrément de leur société.
La douleur de cette séparation est aisée à comprendre ; M. de
Chaulnes ne veut pas que nous croyons qu'il la partage avec
vous; il ne faut pas qu'un ambassadeur soit occupé d'autres
choses que des affaires du roi son maître, qui, de son côté,
prend Mons avec cent mille hommes d'une manière tout hé-
roïque, allant partout, visant tout, s'exposant trop. La politique
du prince d'Orange, qui prenait tranquillement des mesures,
avec les princes confédérés, pour le commencement du mois
de mai, s'est trouvée un peu déconcertée de cette promptitude ;
il menace de venir au secours de cette grande place ; un pri-
sonnier le dit ainsi au roi, qui répondit froidement : *Nous
sommes ici pour l'attendre.* Je vous défie d'imaginer une réponse plus parfaite et plus précise. Je crois donc, mon cher
cousin, qu'en vous mandant encore dans quatre jours cette
belle conquête, votre Rome ne sera point fâchée de vivre pa-
ternellement avec son fils aîné. Dieu sait si notre ambassadeur
soutiendra bien *l'identité du plus grand roi du monde,* comme
dit M. de Nevers !

A propos de mère et de fils, savez-vous, mon cher cousin,
que je suis depuis dix ou douze jours dans une tristesse dont
vous êtes seul capable de me tirer, pendant que je vous écris
C'est de la maladie extrême de madame de Lavardin la douai-
rière, mon intime et mon ancienne amie ; cette femme d'un si
bon et si solide esprit, cette illustre veuve, qui nous avait toujours rassemblées sous son aile ; cette personne, d'un si grand
mérite, est tombée tout d'un coup dans une espèce d'apo-
plexie ; elle est assoupie, elle est paralytique, elle a une grosse
fièvre ; quand on la réveille, elle parle de bon sens, mais elle
retombe ; enfin, mon enfant, je ne pouvais faire dans l'amitié
une plus grande perte ; je le sens très-vivement. Madame la

duchesse de Chaulnes m'en apprend des nouvelles, et en est
très-affligée ; madame de La Fayette encore plus ; enfin, c'est
un mérite reconnu, où tout le monde s'intéresse comme à une
perte publique ; jugez ce que ce doit être pour toutes ses amies.
On m'assure que M. de Lavardin en est fort touché ; je le souhaite, c'est son éloge que de regretter bien tendrement un
mère à qui il doit, en quelque sorte, tout ce qu'il est. Adieu,
n cher cousin, je n'en puis plus ; j'ai le cœur serré : si
j'avais commencé par ce triste sujet, je n'aurais pas eu le courage de vous entretenir.

Je ne parle plus du Temple, j'ai dit mon avis ; mais je ne
l'aimerai ni ne l'approuverai jamais. Je ne suis pas de même
pour vous ; car je vous aime, et vous aimerai et approuverai
toujours.

A M. DE COULANGES.

A Grignan, ce 26 juillet 1691.

Je suis tellement éperdue de la nouvelle de la mort très-
subite de M. de Louvois, que je ne sais par où commencer pour
vous en parler. Le voilà donc mort, ce grand ministre, cet
homme si considérable, qui tenait une si grande place ; dont
le moi, comme dit M. Nicole, était si étendu ; qui était le centre
de tant de choses ! Que d'affaires, que de desseins, que
de projets, que de secrets, que d'intérêts à démêler, que
de guerres commencées, que d'intrigues, que de beaux coups
d'échecs à faire et à conduire ! Ah ! mon Dieu, donnez-moi un
peu de temps, je voudrais bien donner un échec au duc de
Savoie, un mat au prince d'Orange. Non, non, vous n'aurez
pas un seul, un seul moment. Faut-il raisonner sur cette
étrange aventure ? Non, en vérité, il y faut réfléchir dans son
cabinet. Voilà le second ministre que vous voyez mourir

depuis que vous êtes à Rome; rien n'est plus différent que leur mort, mais rien n'est plus égal que leur fortune, et les cent millions de chaînes qui les attachaient tous deux à la terre.

Quant aux grands objets qui doivent porter à Dieu, vous vous trouvez embarrassé dans votre religion sur ce qui se passe à Rome et au conclave : mon pauvre cousin, vous vous méprenez. Lisez saint Augustin dans sa *Vérité de la religion;* lisez l'*Abbadie,* bien différent de ce grand saint, mais trèsdigne de lui être comparé, quand il parle de la religion chrétienne : demandez à l'abbé de Polignac s'il estime ce livre. Ramassez donc toutes ces idées, et ne jugez point si légèrement; croyez que quelque manége qu'il y ait dans le conclave, c'est toujours le Saint-Esprit qui fait le pape. Dieu fait tout, il est le maître de tout, et voici comme nous devrions penser; j'ai lu ceci en bon lieu : *Quel mal peut-il arriver à une personne qui sait que Dieu fait tout, et qui aime tout ce que Dieu fait?* Voilà sur quoi je vous laisse, mon cher cousin.

AU PRÉSIDENT DE MOULCEAU.

A Grignan, ce 5 juin 1695.

J'ai dessein, monsieur, de vous faire un procès : voici comme je m'y prends. Je veux que vous le jugiez vous-même. Il y a plus d'un an que je suis ici avec ma fille, pour qui je n'ai pas changé de goût. Depuis ce temps vous avez entendu parler, sans doute, du mariage du marquis de Grignan avec mademoiselle de Saint-Amand. Vous l'avez vue assez souvent à Montpellier pour connaître sa personne; vous avez aussi entendu parler des grands biens de monsieur son père; vous n'avez point ignoré que ce mariage s'est fait avec un assez grand bruit dans ce château que vous connaissez. Je suppose que vous n'avez point oublié ce temps où commença la véri-

table estime que nous avons toujours conservée pour vous. Sur
cela je mesure vos sentiments par les miens, et je juge que, né
vous ayant point oublié, vous ne devez pas aussi nous avoir
oubliées.

J'y joins même M. de Grignan, dont les dates sont encore
plus anciennes que les nôtres. Je rassemble toutes ces choses,
et de tout côté je me trouve offensée ; je m'en plains à vos
amis, je m'en plains à notre cher Corbinelli, confident jaloux,
et témoin de toute l'estime et l'amitié que nous avons pour
vous ; et enfin je m'en plains à vous-même, monsieur. D'où
vient ce silence ? est-ce de l'oubli ? est-ce une parfaite indif-
férence ? Je ne sais : que voulez-vous que je pense ? A quoi
ressemble votre conduite ? donnez-y un nom, monsieur ;
voilà le procès en état d'être jugé. Jugez-le : je consens que
vous soyez juge et partie.

M. LE COMTE DE GRIGNAN A M. DE COULANGES.

A Grignan, le 23 mai 1696.

Vous comprenez mieux que personne, monsieur, la grandeur de la perte que nous venons de faire, et ma juste douleur.
Le mérite distingué de madame de Sévigné vous était parfaitement connu. Ce n'est pas seulement une belle-mère que
je regrette, ce nom n'a pas accoutumé d'imposer toujours ;
c'est une amie aimable et solide, une société délicieuse. Mais
ce qui est encore bien plus digne de notre admiration que de
nos regrets, c'est une femme forte dont il est question, qui a
envisagé la mort, dont elle n'a point douté dès les premiers
jours de sa maladie, avec une fermeté et une soumission étonnante. Cette personne, si tendre et si faible pour tout ce
qu'elle aimait, n'a trouvé que du courage et de la religion
quand elle a cru ne devoir songer qu'à elle, et nous avons dû

remarquer de quelle utilité et de quelle importance il est de
se remplir l'esprit de bonnes choses et de saintes lectures,
pour lesquelles madame de Sévigné avait un goût, pour ne
pas dire une avidité surprenante, par l'usage qu'elle a su faire
de ses bonnes provisions dans les derniers moments de sa vie.
Je vous conte tous ces détails, monsieur, parce qu'ils conviennent à vos sentiments, et à l'amitié que vous aviez pour celle
que nous pleurons : et je vous avoue que j'en ai l'esprit si
rempli, que ce m'est un soulagement de trouver un homme
aussi propre que vous à les écouter et à les aimer. J'espère,
monsieur, que le souvenir d'une amie qui vous estimait infiniment contribuera à me conserver dans l'amitié dont vous
m'honorez depuis longtemps ; je l'estime et la souhaite trop
pour ne pas la mériter un peu. J'ai l'honneur, etc.

FIN.

Coulommiers. — Typographie de A. MOUSSIN.

www.ingramcontent.com/pod-product-compliance
Lightning Source LLC
Chambersburg PA
CBHW070355090426
42733CB00009B/1426